케이컬처 시대의 새로운 '시청자 친화 채널'

FAST

케이컬처 시대의 새로운 '시청자 친화 채널'

FAST

Free Ad-supported Streaming TV

pluto
Samsung TV Plus
freevee
tubi
LG Channels
xumo
The Roku Channel
......

| 김정섭 지음 |

한울
아카데미

머리말

광고 기반의 무료 스트리밍 TV 서비스인 'FAST(Free Ad-supported Streaming TV)'가 지금 세계 미디어 시장을 강타하며 그 생태계를 바꿔놓고 있습니다. 이용료가 꽤 많이 드는 케이블TV, 위성방송, 인터넷멀티미디어방송(IPTV)과 같은 기존 유료방송의 전송 케이블을 잘라(cord cutting) 해지해 버리거나 월정액이나 연간 구독료를 내고 시청하는 OTT를 이탈하는 시청자가 최근 북미 방송 서비스 시장을 중심으로 급격히 늘고 있기 때문입니다. 이에 따라 우리 정부도 국내 FAST 산업 생태계 조성과 글로벌 시장에서의 주도권 확보를 위해, 2024년 2월 13일 'K-FAST 얼라이언스 조성' 등 FAST 진흥 계획을 밝혔습니다.

미국 방송산업에서 가장 비중이 큰 유료 TV의 전체 시장에서 정기구독을 해지하고 이탈한 FAST 서비스 순수 가입자만 최근 2년간 1000만 명 이상(2021년 470만 명, 2022년 580만 명)이었습니다. 이러한 '코드 커팅 쇼크(cord cutting shock: 구독하던 기존의 유료방송을 전격적으로 해지하고 다른 방송 서비스로 갈아타는 충격적인 상황)'는 전쟁이나 혁명이 아니고서는 설명하기 어려운, 놀라운 변화상입니다.

이탈한 시청자들이 옮겨 타는 대상은 바로 광고만 봐주면 무료로 원하는 콘텐츠를 희망하는 시간에 마음껏 이용할 수 있는 'FAST 채널'입니다. 구체적으로 로쿠채널, 플루토TV, 투비, 삼성TV플러스, LG채널 등과 같은 스트리밍 TV를 지칭합니다. 시청자들은 이 신생 '시청자 친화형 플랫폼'으로 속속 갈아타고 있는데, 2023년 미국인 가운데 FAST 채널을 정기적으로 시청하는 비율이 3명 가운데 1명(33%)이나 됩니다. 실로 무서운 성장세입니다.

FAST 서비스 산업은 미국과 캐나다를 넘어 영국, 독일, 호주에 이르면서 '세계 5대 시장'을 형성했습니다. 한국에서도 대기업인 삼성전자, LG전자가 자사의 스마트TV에 FAST 채널을 탑재해 서비스하며 채널 수를 크게 늘리고 있고, 뉴(NEW), 아리랑TV, 여타 일부 통신사와 케이블TV가 탄탄한 콘텐츠 스토리지를 무기로 FAST 채널 사업에 착수해 초미의 관심사가 되고 있습니다.

FAST 채널이 북미를 강타한 후 같은 영어권인 유럽과 호주로 확산하는 동시에 초고속 인터넷과 스마트TV 강국인 한국 시장에 지대한 영향을 미치고 있는 이유는 무엇보다도 FAST가 가계의 살림살이에 크게 보탬이 되는 가성비 최고의 무료 서비스이기 때문입니다. 시청자들에게 시간과 콘텐츠의 선택성을 폭넓게 보장해 다수에게 유용한 것은 기본이고, 나아가 바쁜 일과로 인해 몰아보기(binge-watching)를 하는 분들에게도 '최적의 채널'이라는 이점이 있습니다.

미국의 조사에서는 미국 성인의 72%가 몰아보기 시청자로서, 상위권 시리즈물을 5일 연속 몰아봐서 '마스터'한 가구가 전체 시청 가구의 평균 47%에 이른다는 통계가 나왔습니다. FAST 채널은 이용자가 늘수록 운영 업체에 많은 광고 수익을 안겨주며, 광고주에게도 과학적인 쌍방향 데이터에 따라 광고 위치, 길이, 기법에 구애됨이 없이 대상별로 표적화된 광고를 할 수 있어 매우 유익합니다. 심지어 기존 방송사, 채널, 외주 제작사, 영화사 등 콘텐츠 제공업체에도 지식재산권(IP) 관련 유통 수익을 올릴 신시장인 데다 운영 업체와 계약해 광고 수익까지 나눌 수 있어 매력적입니다.

반대로 레거시 미디어를 위시한 기존 TV 서비스는 공급자 중심의 모델인 데다 플랫폼이 너무 단순하고 비용(많게는 한 가지 유료방송 서비스당 월 9~11만 원 내외)이 많이 들며 콘텐츠도 대체로 독창적이지 않다는 평이어서 방관할 경우 이용자를 모두 뺏길 위기에 놓여 있습니다. 미국의 경우 전체 TV 서비스 시장에서 기존 TV의 시청률이 50% 미만으로 떨어진 것도 바로 혁신이 없는 이런 구태의연함 때문이라는 지적입니다.

미국의 한 조사에서는 TV 이용료가 할인되면 밀레니얼(M) 세대의 65%는 광고 시청 부담이 있어도 FAST와 같은 스트리밍 서비스를 구독할 것이라고 답했습니다. 미국에서 2023년 FAST 채널 광고 수익은 39억 달러(약 5조 2000억 원)로 2022년 대비 37%나 증가했습니다. 세계 FAST 산업의 시장 규모는 2027년 120억 달러(약 15조 8928억 원)에 이를 것으로 예측되며, 국내 FAST 산업도 2028년 1조 원대 돌파를 예상합니다.

이렇듯 급속도로 진행되는 FAST 갈아타기 현상은 가히 '무료 TV 시청 혁명'이라 불릴 만합니다. 글로벌 방송 시장에서 이제 '변수(變數)'가 아닌 '상수(常數)'인 데다 국내 미디어 생태계에서도 점차 지각변동을 일으키는 '크랙(crack)'과 '곡동(曲動)'이 되고 있습니다. 국내 1위, 4위의 대기업이 FAST 사업에 뛰어들어 막강한 자금력으로 국내는 물론이고 '글로벌 영토 확장'을 가속화하는 놀라운 사업 추진력을 보여주고 있기 때문입니다.

이 책은 이용자와 미디어, 통신, 플랫폼, 콘텐츠 업계에서 초미의 관심사인 FAST 서비스와 FAST 채널을 입체 해부해 이용자들에게 충분한 이해와 지식을 제공하는 유용하고 편리한 '이용 가이드'를 제시하고자 집필·출간했습니다. 방송산업을 위시한 디지털 산업, 미디어 산업, 콘텐츠와 엔터테인먼트 산업 종사자와 연구자들에게는 FAST에 대한 깊이 있는 이해를 넘어 FAST 산업의 오늘과 내일을 연관된 산업 섹터와 견줘 내다보는 고민과 사유의 매개가 되도록 했습니다.

따라서 이러한 집필·출간 목적에 따라 모두 7개 장으로 구성했습니다. 1장 「FAST 채널'이란 무엇인가?」에서는 FAST 채널의 의미와 탄생 배경, 다양한 VOD와 FAST 채널과의 차이를 규명하고 2장 「FAST 채널의 경제적, 기술적 운용 원리는?」에서는 FAST의 이점과 작동 원리, FAST의 경제적 운용 원리, FAST의 기술적 운용 원리를 차례로 분석해 제시했습니다.

3장 「기존 방송을 대체할 '이용자 친화형 서비스'인가?」에서는 기존 IPTV·OTT·유튜브와 어떻게 다른지, 또 FAST가 시장의 이해를 위한 개념으로 경로 의존을 떨쳐낼 보완재일지 대체재일지 확인하고, 사업상 '지상파 방송', '유료방송', '구독 신드롬'을 일으킨 OTT와의 개별적 경쟁 관계, FAST가 기존 서비스의 대체재가 되기 위한 조건을 차례로 점검했습니다. 4장 「FAST 사업에 뛰어든 주요 기업 현황은?」에서는 기업들의 FAST 사업 진출 현황과 특징, 국내와 해외의 주요 FAST 채널 사업자를 조사했습니다.

5장 「FAST 채널의 성장세는 어떠한가?」에서는 FAST의 이용 기반인 '디지털 환경'의 구축 상황, 동영상 콘텐츠 구독경제 시장의 판도, FAST 산업 성장세의 현황과 정도를 각각 면밀하게 고찰했습니다. 6장 「FAST 시장의 핵심 관심사는?」에서는 선도업체 '삼성TV플러스'와 'LG채널'의 사업전략을, 이어서 국내 FAST가 '글로벌 케이컬처 채널'로 떠오를지 전망을 살펴보고, 경쟁 업종의 공세와 예견되는 '정책·규제 리스크'에 대한 물음을 주제 삼아 최적의 예측과 해답을 찾으며 제시하고자 했습니다.

마지막으로 7장 「'성공사업'이 되기 위한 FAST의 과제는?」에서는 FAST의 향후 과제를 일곱 가지로 추려 점검했습니다. 그것은 첫째, 될 수 있으면 단기에 '유력 플랫폼'으로 키워라, 둘째, '매력적인' 콘텐츠를 '충분히' 공급하라, 셋째, 이용자의 '시청 편의성'을 최대한 높여라, 넷째, 광고의 적극적 유치, 전략적 표적화가 필요하다, 다섯째, 접속 한계를 넘어 'N-스크린'으로 승부하라, 여섯째, 케이컬처를 확산할 '글로벌 채널'로 키우자, 일곱째, 어려워져도 '유료화 전환 유혹'을 이겨내자입니다.

저는 연극 〈광대, 달문을 찾아서〉의 예술감독을 맡아 상연을 준비하면서도 매우 바쁘게 FAST 연구·집필에 몰두했던 2023년 말을 생애 좋은 추억으로 간직하려 합니다. 이 책을 준비하는 데 신선한 자극을 준 KT알파 김형만 자문역(전 KT알파 상무·콘텐츠미디어부문장)과 한국케이블TV 방송협회 김민정 국장님, LG유플러스 주소영 책임님 등에게 감사합니다. 출간을 위해 정성을 쏟아주신 한울엠플러스(주)의 김종수 대표님과 기획·편집·디자인·인쇄·유통·마케팅 전문가들께도 고마움을 표합니다. 마지막으로 졸저를 일독하시며 소소한 문자향(文字香)과 함께하실 독자님들께도 깊은 감사의 말씀을 올립니다.

2024년 2월

김정섭

차례

'FAST 채널'이란
무엇인가

1 FAST 채널의 의미와 탄생 배경

초고속 인터넷과 소셜 미디어를 출현시킨 21세기의 급격한 방송통신 기술 발전은 우리의 엔터테인먼트 콘텐츠 소비 방식을 완전히 탈바꿈시켜 놓았다고 보아도 무방하다. 이는 곧 이용자(또는 시청자)의 콘텐츠 선호가 더는 전통적인 텔레비전이 추구했던 모델에 국한되거나 그것에만 천착되지 않음을 의미한다(Lotz, 2022; Sandsgaard and Sem, 2023). 이 책에서 다루는 광고 기반의 무료 시청 TV 플랫폼인 'FAST(Free Ad-supported Streaming Television)'는 이런 기술 진보와 시청 취향 변화라는 맥락에서 태동했다.

FAST는 이용자가 광고를 봐주는 대가로 무료 시청할 수 있는 스트리밍 TV다. 실시간 방송 프로그램, 영화, 드라마, 예능, 다큐멘터리, 뮤직비디오 등의 콘텐츠를 인터넷 연결로 재생(streaming)해, 소파에 몸을 편하게 기대고 흘러나오는 대로 시청하는 린 백[lean back: 반의어는 목적의식을 갖고 콘텐츠를 선택해 이용하는 린 포워드(lean forward)] 방식이다. 시청자에게 다양한 콘텐츠를 앱을 통해 서비스하는 대신 해당 시청자를 온라인 광고 네트워크에 팔아 수익을 확보하는 개념이다(Little dot studios, 2023).

쉽게 말하면 LG전자나 삼성전자 등이 만든 스마트TV를 구매해 인터넷 통신망에 연결한 다음 TV를 켰다면 기존에 집에서 실시간으로 지역 유선방송(SO)이나 스카이라이프를 통해 가입한 케이블TV 혹은 통신사에 가입해 IPTV를 보는 것과 마찬가지로 실시간 방송을 볼 수 있는데, 스마트TV를 가동하면 첫 화면에 뜨는 'LG채널(LG Channels)'이나 '삼성

그림 1-1 | FAST 채널의 사례인 LG채널 초기 화면

그림 1-1 | FAST 채널의 사례인 LG채널 초기 화면

자료: LG전자.

TV플러스(SamsungTV+)' 로고를 각각 클릭하여 광고를 봐주는 대신 무료로 100~300개 이상의 채널을 볼 수 있는 서비스다.

　그렇다면 FAST와 전통적인 인터넷 TV의 차이점은 뭘까. 기존의 유로뉴스(euronews), RTL2와 같은 전통적인 인터넷 TV는 콘텐츠를 인터넷을 통해 선형 프로그래밍으로 흘려보내기를 하는데, 여기까지는 FAST와 같다. 그러나 모아둔 콘텐츠를 원하는 시간에 골라볼 수 있는 FAST와 달리 전통적인 인터넷 TV는 채널의 편성 일정이 정해져 있어 시청 시간 선택권이 제한되는 데다 기존의 일반 TV와 마찬가지로 특정 시간에 콘텐츠를 방송한다. FAST 서비스를 이용하는 시청자는 라이브 스트리밍으로 콘텐츠를 시청할 수 있다.

　FAST는 '현대적이고 빠르다(fast)'라는 어감을 주는 조어로, 앞서 설명한 것처럼 일반적인 주문형 비디오(VOD, Video on Demand) 서비스와 다르게 TV 수상기 또는 TV에 연결되는 기기(device)를 통해 실시간 채널 형태로 제공되는 광고 기반의 무료 스트리밍(흘려보내기) 채널이자 플랫폼이다. 즉, 이용자들이 케이블TV, IPTV, OTT를 포함한 기존 유료방송에 지급하는 비용이 상당히 많은 현 상황에서, 광고가 넘치는 콘텐츠를

그림 1-2 | FAST 채널의 주요 사례(각 채널의 로고)

국내	CH LG 채널 LG 채널	SAMSUNG TV Plus 삼성TV플러스
미국	pluto tv 플루토TV	tubitv 투비TV
	peacock 피콕	Roku Channel 로쿠채널
	freevee 프리비	sling free·stream 슬링 프리스트림
	CRACKLE 크래클	plex 플렉스

무료로 제공하는 기존 TV와 실시간으로 선형 방송(linear stations)을 볼 기회를 제공하는 디지털 스트리밍의 장점을 결합한 신종 서비스다.

구체적으로 살펴보면 FAST 채널은 데이터 전송 방식 면에서 RVOD와 실시간 스트리밍 TV 채널이 혼합된 개념의 플랫폼이며, 이용료의 과금 형태 면에서는 AVOD와 실시간 스트리밍 TV 채널이 혼합된 개념의 플랫폼이다. FAST 채널은 이처럼 콘텐츠가 무료로 스트리밍되는 체제이 므로 암호화(encryption)와 해독화(decoding)의 조합 원리인(Armstrong, 1999) '조건부 접근 기술(CAT, Conditional Access Technology)'을 적용하지 않는다. 이에 반해 IPTV, OTT 같은 디지털 유료 TV 비즈니스 모델은 수 익 보전을 위해 이용자가 뒤섞인 신호를 해독하는 데 사용하는 '셋톱박 스'와 '암호화 시스템(encryption system)', 즉 CAT를 핵심 요소로 삼는다.

- 이용자가 광고를 보는 대가로 실시간 콘텐츠를 무료로 시청할 수 있는 스트리밍 TV로, 'Free Ad-Supported Streaming TV'의 약어다.
- 기존 유료방송과 달리 '셋톱박스'와 '암호화 시스템' 등 조건부 접근 기술(CAT, conditional access technology)을 적용하지 않는다.
- 스트리밍 방식은 같지만 편성 일정이 정해져 있는 전통적인 '인터넷 TV'와 달리 이용자의 시청 시간과 콘텐츠 선택권이 보장된다.
- 데이터 전송 방식 면에서 RVOD(Real Video on Demand)와 실시간 스트리밍 TV 채널이 혼합된 개념인 플랫폼이다.
- 이용료의 과금 형태 면에서는 AVOD(Advertising Video on Demand)와 실시간 스트리밍 TV 채널이 혼합된 개념인 플랫폼이다.
- 새로운 무료 플랫폼임에도 불구하고 이용자 확보, 광고 수주, 콘텐츠 수급이라는 세 가지 요소가 선순환 작용을 해야 사업성이 확보된다.

특히 암호화 기술은 고객의 데이터를 다루는 행정 시스템 격인 '가입자 관리 시스템(SMS, Subscriber Management System)'과 그 데이터에 대한 접근을 허가하는 명령어를 실행하는 기술적 시스템인 '가입자 승인 시스템(SAS, Subscriber Authorization Systems)'을 통해 회원이 아닌 이용자의 무단 접근을 방지한다(Henten and Tadayoni, 2008; Evens and De Marez, 2010). '제어 알고리즘(control algorism)'을 통한 수익 창출이라 할 수 있다. '알고리즘'은 문제 해결과 일 처리에 쓰이는 일정한 규칙·방법·절차를 말한다.

FAST 채널은 AVOD 서비스가 늘어나기 시작한 2010년대 말에서 2020년대 초에 탄생했다. 미디어 분석가 앨런 월크(Alan Wolk)는 2018년 12월 1일 'TVREV'에 실은 칼럼에서 무료 광고 지원 선형 스트리밍 TV 서비스인 플루토TV(Pluto TV)와 훌루(Hulu) 같은 구독형 광고 지원 스트리밍 TV 서비스를 구분하는 방법으로 FAST 채널(channel)이라는 용어를 처음 사용했다.

월크는 이 칼럼을 통해 "무료 광고 지원 OTT 서비스가 호황을 누리는 상황에서 플루토TV는 기존의 전통적인 유료 TV와 매우 흡사한 선형 피드를 포함하고 있고, 무료로 개방된 인터넷을 통해서만 제공되기 때문에 더 흥미롭다. 최신 콘텐츠를 제공할 뿐만 아니라 수고스럽게 기존 방송처럼 셋톱박스(set top box)로 전환할 TV 리모컨을 찾지 않아도 되기에 국제적으로 확장 중인 만큼 OTT 등 방송업계가 (시장을 잠식할 도전자가 될 것으로 보이는) 이를 심각하게 받아들이고 있다"라고 진단했다.

FAST 채널 시장의 첫 번째 주역은 2014년 처음 출시된 '플루토TV(https://pluto.tv)'다(Little dot studios, 2023). 톰 라이언(Tom Ryan), 일리야 포진(Ilya Pozin), 닉 그루핀(Nick Groufin)이 공동 설립했다. 플루토TV는 본래 파라마운트글로벌의 스트리밍 사업부가 2014년 온라인 콘텐츠 제공 및 방송 프로그램 큐레이션(수집·선별·제공) 서비스 목적으로 론칭한 웹사이트였던 것에서 알 수 있듯이 처음에는 '호기심'으로 출발했다.

그러나 플루토TV는 인터넷 시대를 대비한 선형 TV라는 독특한 명제로 금세 주목을 받았으며, 현재 250개 채널을 운영할 정도로 성장했다. 다른 사업자도 FAST 채널의 사업성을 간파하고 플루토TV의 뒤를 따라 사업에 착수했다. FAST 채널이 공급하는 콘텐츠의 라이선스 비용이 비교적 저렴했고, 광고 지원 콘텐츠를 무료 앱으로 제공함으로써 SVOD 플랫폼의 유료 구독 모델에 대한 신선한 대안을 제공했기 때문이다(Little dot studios, 2023).

FAST 채널은 특정 장르 또는 MTV, HGTV와 같이 현존하는 미디어 브랜드로 브랜드화되거나, 매우 고전적인 시리즈 〈닥터 후(Doctor Who)〉(BBC, 1963~1989), 〈건스모크(Gunsmoke)〉(CBS, 1955~1975) 및 〈미션 임

파서블(Mission Impossible)〉(CBS, 1966~1973)처럼 전용 플루토TV 채널로 브랜드화할 수 있다(Kompare, 2022). 컴캐스트의 자회사 NBC유니버설이 운영하는 피콕(Peacock)이 자유로운 광고 기반의 콘텐츠 공급 단계에 잘 도달했다면, 파라마운트글로벌은 플루토TV를 크게 성장시켰으며, 로쿠(Roku)는 자사 플랫폼을 다채널로 탈바꿈시켰다.

플루토TV는 어플 설치 후 인터넷상의 가상 사설망(VPN, Virtual Private Network)을 사용해 시청할 수 있는데, 티비메이트(TiViMate) 앱(https://www.tivimate.org)을 통해서 주소를 구글 검색창에 입력하면 전 세계 TV 방송 시청도 가능하다. 미국에서 플루토TV, 투비(Tubi), 프리비(Freevee), 피콕 등의 FAST 서비스를 활용하면 1000개가 넘는 채널과 수천 개의 영화와 TV쇼에 접속할 수 있는데 계약도 필요 없고, 수수료도 없으며, 비밀번호를 공유하기 위해 돈을 지급해야 할 걱정도 없다(Jackson, 2023).

이후 성장 가능성이 확인되면서 콘텐츠 제공업체와 스마트TV를 생산·유통하는 가전업체가 선도적으로 세계 시장 공략에 나섰다. 국내 스마트TV 업체의 FAST 플랫폼인 삼성전자의 '삼성TV플러스'와 LG전자의 'LG채널(LG channels)', 북미 최대 스트리밍 서비스 중 하나인 '로쿠', 미국 파라마운트 글로벌 '플루토TV', NBC유니버설 '피콕', 폭스(FOX)사 스트리밍 서비스 '투비' 등이 어느새 FAST 산업 생태계를 구성했다.

FAST 체제에서 콘텐츠 공급업체는 OTT(Over-the-top: 영화, TV 방영 프로그램 등의 미디어 콘텐츠를 인터넷을 통해 소비자에게 제공하는 서비스) 업체와 달리 구독료를 받지 않는다. 알고리즘이 아닌 수집·선별·배급 같은 큐레이션(curation) 방식으로 구축해 놓은 콘텐츠를 무료 제공하는 대신, 이용자에게 일정량의 광고를 시청하도록 함으로써 광고 수익을 취한다.

FAST 채널에서는 내장된 인공지능이 시청자의 습관과 선호도를 면밀하게 파악해 더 많은 관련 광고를 집행하고, 이를 통해 광고 단가를 높여 수익을 늘린다. 즉, 이런 방식으로 매체를 이용한 CPM(Cost Per Mille: 메시지를 1000명 또는 1000가구에 전달하는 비용)을 증대시키는 것이다.

FAST 채널의 영상 콘텐츠를 볼 수 있는 기기는 OTT처럼 셋톱박스 또는 애플리케이션(앱)과 연결된 '스마트TV', 컴퓨터 게임을 즐기는 데 필요한 '게임기(game console)', 스트리밍 장치를 부착해 스트리밍으로 콘텐츠를 볼 수 있는 환경을 구축한 스마트TV 이전 사양의 'HDTV'가 있다. 그밖에도 FAST 채널이 개발해 공급한 전용 스트리밍 앱을 내려받아 휴대전화기, 태블릿PC, 무선 노트북 등 모바일 기기로도 시청할 수도 있다.

FAST 채널을 이용하기 위해 스마트TV 이전 사양의 TV에 부착하는 스트리밍 장치에는 구글이 만든 '크롬캐스트(Chromecaste)'와 다른 제조사들이 만든 다양한 형태의 '동글(dongle)'이 있다. 크롬캐스트는 HDTV의 HDMI 포트에 꽂아 와이파이로 콘텐츠를 수신해 구글 크롬 OS의 단순 버전 기반 위에서 스트리밍 재생이 되도록 만든 2인치(5.1cm) 동글 형태의 멀티미디어 스트리밍 어댑터. 동글은 특정 소프트웨어를 사용하기 위해서는 시작 전에 반드시 연결해야 하는 다양한 유형의 장치를 지칭한다.

이 가운데 셋톱박스, 앱, 게임기를 이용자와 쌍방향으로 연결시켜 주는 운용 특성 때문에 '커넥티드TV(CTV, Connected TV)'라고 부른다. 북미에서는 CTV가 기존의 케이블이나 위성을 연결해 수신하는 TV가 아닌 인터넷 스트리밍 서비스에 연결된 TV를 의미했고, FAST 채널의 전용 앱을 내려받아 방송을 보기 전까지는 CTV로만 FAST 채널 이용이 가능했다(Neumann, 2023).

이후 로쿠, 애플TV, 아마존 파이어TV, 구글 크롬캐스트와 같은 스마트TV와 스트리밍 장치가 쏟아지면서 CTV는 기기 화면을 인터넷과 원활하게 연결해 스트리밍 콘텐츠를 즐길 수 있게 함으로써 더욱 인기를 끌었다. 따라서 CTV는 '스트리밍 콘텐츠 시청 장치'라는 초기의 국한된 개념에서 스마트TV, 게임 콘솔, 스트리밍 앱 등 인터넷 연결 장치를 통해 시청자에게 전달되는 콘텐츠를 지칭하는 개념으로도 널리 쓰이고 있다 (Karrer, 2024).

요약하면 FAST는 광고 기반의 무료 스트리밍 TV, 즉 광고를 보는 조건으로 무료로 서비스되기 때문에 '공짜 OTT' 또는 'OTT의 무료 버전'이라고도 재정의할 수 있다. 유통 구조상으로는 실시간 주문형 비디오(RVOD, Real Video on Demand)와 광고 기반 주문형 비디오(AVOD, Advertising Video on Demand)가 결합한 개념의 콘텐츠 서비스라 할 수 있다. 운영체제(OS, Operating System)가 탑재된 스마트TV를 통해 구독료, 수신료, 그 밖의 공적으로 확약한 대가를 지급하지 않고 광고만 몇 편 봐주는 수고를 하는 대신 실시간 채널과 VOD 콘텐츠를 이용할 수 있다.

FAST는 하나의 플랫폼에서 여러 개의 채널을 동시에 공급하는 '다채널 전략'을 추구하기에 이용자의 지루함을 줄여주고 선택의 다양성을 제공한다. 가입비가 따로 없기에 부담이 없고 필요할 때만 이용할 수 있어 시청 의무나 이용하지 않았을 때의 손실이 없으므로 비교적 회원 탈퇴율도 낮다. 이런 환경은 이론적으로 이용자 확보, 광고 수주, 콘텐츠 수급이라는 세 가지 요소의 선순환 작용을 가능하게 한다. 다만 사업 초기부터 이 세 가지 요소를 안정화해 '사업성'을 확보하는 것이 관건이다.

2 다양한 VOD와 FAST 채널

FAST 채널은 주문형 비디오(VOD) 시장과 스마트TV 출현 이후 이용자들의 관심이 SVOD(케이블TV의 프리미엄 채널 회원, OTT 회원 등)를 거쳐 AVOD(무료 OTT)로 지속적으로 확대되는 흐름 속에 등장했다. 무엇보다도 무료 이용, 편의성, 확대된 선택성 등의 이점이 있기 때문이다. 이러한 뉴미디어의 강세로 기존 TV 방송의 광고 시장 규모는 급감 중이다.

다음과 같은 VOD 개념과 유형을 살펴보면 FAST 채널의 의미를 더욱 명확하게 이해할 수 있다.

● VOD

VOD는 주문형 비디오(Video On Demand)의 약어다. 초고속통신망 등 네트워크(온라인)로 연결된 컴퓨터 또는 텔레비전을 통해 이용자가 통신사, 방송사, 유선방송사 등으로부터 선호하는 프로그램(영화, 드라마, 예능, 다큐멘터리 등)을 원하는 시간에 신청, 주문해 받아볼 수 있는 영상 서비스다. VOD 스트리밍 콘텐츠는 일반적으로 디지털 라이브러리에서 서비스되며, 사용자가 접속(access)할 수 있는 계정(account)을 가지고 있고, 무료로 누구에게나 열려 있거나 구매 또는 임대할 수 있다.

시청하면서 되감기(RW, Rewind), 빨리 감기(FF, Fast Forward), 멈춤(Pause)과 같은 VCR(Video Cassette Recorder) 기능을 이용할 수 있다. 전자 프로그램 안내(EPG, Electronic Program Guide)도 VOD에 포함된다. 기존의 방송 서비스가 송출된 방송 정보를 일방적으로 수신하는 개념인

데 비해 VOD는 양방향 신호 전송 채널을 통해 정보 수용자가 영화나 TV 프로그램 등 정보의 내용 및 형식을 선택할 수 있다.

비즈니스의 관점에서 VOD 플랫폼을 찾거나 선택할 경우 해당 플랫폼이 '사업 파트너의 콘텐츠를 공급받아 수익화할 수 있는가', '애플TV(Apple TV), 로쿠, 아이오에스(iOS), 크롬캐스트, 안드로이드(Android) 등의 장치 유형에 무관하게 장애 없이 스트리밍을 제공할 수 있는가', '구독자의 시청 충성도를 높일 고화질과 고음질을 포함한 고품질의 스트리밍을 제공할 수 있는가'의 세 가지를 특히 고려해야 한다.

VOD는 먼저 '데이터 전송 방식'에 따라 실시간 주문형 비디오인 'RVOD', 유사 주문형 비디오인 'NVOD(Near Video on Demand)', 통합 형태의 주문형 비디오인 'UVOD(Unified Video on Demand)'로 구분할 수 있다(Lee, 1999; 2002).

첫째, RVOD는 'TVOD(True Video on Demand)'라고도 불리는데, 이용자가 보고 싶은 콘텐츠를 신청해 서버의 개인별 전용 채널에서 단시간·실시간으로 받아 VCR을 마음대로 제어하며 볼 수 있는 플랫폼 서비스를 말한다. 개별 채널별 전송이라서 콘텐츠의 품질은 높은 수준으로 보장되지만, 이 플랫폼에 수십, 수백만 명의 이용자가 동시에 접속하는 것은 불가능하다.

둘째, NVOD는 RVOD의 한계를 벗어나 하나의 채널에 다수가 접속해 이용이 가능한 브로드 캐스팅이나 멀티 캐스팅 방식을 말한다(김명훈·박호현, 2007). 즉, MPP(Multiple Program Provider)와 같이 복수(複數) 이상의 많은 채널을 확보한 방송사 등에서 같은 콘텐츠를 방영 시간만 달리해 서로 다른 채널에 방송하는 방식이다.

동영상 재생 대역폭에 대한 고객의 상대 네트워크 대역폭을 식별한 뒤, 상대 네트워크 대역폭에 따라 크기가 다른 데이터 체절로 분할해 복수 채널로 고객에게 전송하는 게 NVOD의 원리다(Park et al., 2011). 결국 여러 사용자가 단일 콘텐츠를 공유할 수 있게 해당 채널들로 비디오를 반복 전송하기 때문에 서버 유지비 등 시스템 비용을 상당히 줄일 수 있다.

셋째, UVOD는 '서비스 품질의 최대화'란 장점이 있는 RVOD 시스템과 '시스템 비용의 최소화'라는 특징을 지닌 NVOD 시스템을 절충 및 결합한 시스템이다. UVOD는 양자의 극단성을 배제하고 장점만을 취했기에 이용자가 두 개의 채널에서 동시에 콘텐츠를 수신할 수 있고, 콘텐츠 데이터의 일부를 캐싱(caching: 데이터를 더 빨리 읽어올 수 있도록 캐시 기억 장치에 저장하는 일)하기 위한 로컬 버퍼를 가지고 있으므로 비용과 성능 면에서 이익이 많다(Lee, 2002).

RVOD, NVOD, UVOD의 전환 메커니즘은 실시간 스트리밍 프로토콜(RTSP, Real-time Streaming Protocol)이 근간인 대화형 프로토콜이다. RTSP는 미국 리얼 네트워크(Real Networks)와 넷스케이프 커뮤니케이션스가 공동 개발한 것으로 음성이나 동영상을 실시간 송수신하기 위한 통신 규약을 말한다. 서버의 유지 비용 면에서 NVOD가 RVOD보다 더 경제적이며, UVOD는 양자의 중간 수준이다.

VOD는 콘텐츠 이용 시 '과금 형태'(이용료 지급 여부와 방식)에 따라 구독 기반의 주문형 비디오인 SVOD(Subscription Video on Demand)와 광고 기반의 주문형 비디오인 AVOD, 건당 거래하는 주문형 비디오인 TVOD, 이용자를 상대로 홍보와 판촉을 하려는 목적으로 무료 제공되는 주문형 비디오인 FVOD로 나뉜다. 기존 방송사나 선형 TV에서 제공하

표 1-1 | VOD의 종류와 FAST 채널의 위치

기준	분류 유형	개념 풀이
데이터 전송 방식	RVOD (Real Video on Demand) 또는 TVOD (True Video on Demand)	이용자가 원하는 콘텐츠를 신청해 서버의 개인별 전용 채널에서 실시간 스트리밍으로 내려받아 이용하는 실시간 주문형 비디오. * 데이터 전송 방식 면에서 FAST 채널은 RVOD와 실시간 스트리밍 TV 채널의 융합 플랫폼이라 할 수 있다.
	NVOD (Near Video on Demand)	많은 채널 수를 확보한 방송사 등에서 동일한 콘텐츠를 방영 시간만 달리해 서로 다른 채널로 방송하는 유사(類似) 주문형 비디오.
이용료 과금 형태	SVOD (Subscription Video on Demand)	이용자가 정기구독 회원으로 가입해 월정액을 지급하고 이용하는 구독료 기반 주문형 비디오. 국내의 왓챠, 미국의 디즈니플러스, 애플TV플러스 등이 해당한다.
	AVOD (Advertising Video on Demand)	이용자의 광고 시청을 대가(의무 조건)로 무료 제공되는 광고 기반 주문형 비디오. * 이용료의 과금 형태 면에서 FAST 채널은 이 AVOD와 실시간 스트리밍 TV 채널이 혼합된 플랫폼이라 할 수 있다.
	TVOD (Transactional Video on Demand)	비구독형으로 이용자가 원하는 프로그램을 건당 요금을 내고 구매해 이용하는 거래형 주문형 비디오. 네이버 시리즈 등이 해당한다.
	FVOD (Free Video on Demand)	시리즈물의 파일럿 에피소드, 뮤직비디오, 영화의 예고편과 메이킹 필름의 무료 개방 등 마케팅 수단용으로 과금 의무 없이 무료 공급되는 주문형 비디오.
	S-T 하이브리드 (SVOD+TVOD 혼합형)	월정 이용료 구독제, 건당 과금, 실시간 무료방송 시청이 혼합된 형태. 웨이브와 티빙 등이 해당한다.
	A-S 하이브리드 (AVOD+SVOD 혼합형)	광고 시청 대가의 무료 또는 할인 콘텐츠 제공, 월정 이용료 구독제가 혼합된 형태. 피콕, 넷플릭스 등이 해당한다.

는 주문형 비디오 서비스는 'BVOD(Broadcaster Video On Demand)'라고 하는데, 무료인 경우도 있고 유료인 경우도 있다.

첫째, SVOD는 이용자가 정기구독 회원으로 가입해 월정 이용료나 연간 이용료를 내고 플랫폼이나 비디오 콘텐츠 라이브러리에 접속해 콘텐츠를 감상하는 서비스다. 고객들에게 매일, 매주 또는 매달 반복되는 요금으로 비디오 콘텐츠 카탈로그에 대한 접근을 허용한다. SVOD 서비스는 일반적으로 사용자가 액세스 비용을 내기 때문에 도중에 서비스 중단이 없다.

광고에 의존하지 않기 때문에 'NAVOD(Non-Advertising Video On Demand)'라 규정할 수 있다. 현재 SVOD 서비스를 제공하는 플랫폼은 디스카이(DSky)와 그 자회사인 나우TV(Now TV), 넷플릭스(Netflix), 아마존(Amazon)의 프라임 비디오(Prime Video), 훌루, 애플(Apple), HBO, 디즈니(Disney) 등이다.

SVOD는 OTT, 비디오 스트리밍, 인터넷 텔레비전과 같이 인터넷에서 배포되는 비디오를 설명하는 여러 다른 용어들과 함께 등장했는데, 가정에서 또는 이동 중에 동영상을 소비하는 방식을 크게 변화시킨 서비스 유형을 포괄한다. SVOD의 장점은 유연한 구독 옵션 제공, 지속적인 수익 창출, 충성도 높은 구독자 생성, 독점 콘텐츠를 게시할 수 있는 기능 제공 등이다.

SVOD 사업을 할 때 주의할 점은 틈새 전략 등 콘텐츠를 특정 이용자에게 맞게 조정하기, 다른 플랫폼에서 볼 수 없는 독보적 콘텐츠 유치, 산발적 새 단장(renewal)이 아닌 정기적으로 새로운 콘텐츠 공개하기 등이다. 이를 통해 독자가 떠나지 않고 충성도를 강화하게 되는 계기를 플랫폼이 선제적으로 제공해야 한다. SVOD의 가격은 보통 월 또는 연 단위의 정기구독으로 책정되는데, 특정 날짜, 주, 월을 기준으로 무료 체험 기간을 운용한다. 이 기간을 활용할 경우 무료 체험판에서 맛보기 콘텐츠를 이용할 수 있다. 아울러 정규 유료 회원보다 더 작은 범위 내에서 콘텐츠의 무료 버전을 제공받기도 한다.

SVOD는 장기 계약에 얽매이지 않기 때문에 이용자의 선택권이 넓고 이용의 유연성이 크다. 그러나 SVOD 제공업체는 사업의 특성상 독점적인 신규 콘텐츠, 공격적인 가격 책정 체계를 둘 다 제공해야 하는 압박에 시달리기 때문에 이용자 유지에 어려움을 겪는 경우가 많다.

둘째, AVOD는 이용자의 광고 시청을 대가로 무료로 제공되는 광고 기반 주문형 비디오다. 이용자는 비용을 지불하지 않고도 콘텐츠를 시청할 수는 있지만, 시청 도중에 송출 중단을 수용할 수밖에 없다. SVOD 및 TVOD와 비교할 경우 AVOD는 이용료가 무료라는 것이 가장 큰 차이다.

따라서 AVOD는 광고 시청이 콘텐츠 이용의 전제 조건이 되며, 플랫폼이 거둬들인 광고 수익은 관행적으로 구독이나 수수료 없이 콘텐츠를 만들고 유통하는 데 재투자된다. AVOD의 대표적 사례는 유튜브(YouTube) 채널이다. 데일리모션(DailyMotion), 4OD 등을 시청하면 광고 수익이 제작 및 호스팅 비용을 충당하는 데 사용되는데, 이 경우에도 AVOD 사업 모델이 작동한다.

유튜브 등의 예에서처럼 AVOD 플랫폼들은 이용자에게 무료로 콘텐츠를 시청할 기회를 넓게 제공하는 방식으로 진입 장벽을 낮춘다. AVOD 모델은 이용자가 많고 참여도가 높으며 콘텐츠와 관련된 광고를 제공할 수 있을 때 가장 효과적이다. 크리에이터 등 운용자의 수익성 면에서는 개별적인 광고 시청에는 비용이 적게 들지만, 실제적인 이익을 얻기 위해서는 많은 분량의 시청이 필요하므로 팔로워나 시청자가 많은 제작자에게 가장 유리하다.

AVOD의 장점은 케이블TV나 위성TV처럼 가입할 필요가 없는 점, 보다 더 많은 사람이 이용할 수 있는 점, 이용자가 많아져도 이를 수용할 수 있는 확장성 있는 수익 솔루션을 제공한다는 점 등이다. 개별 광고 조회의 대가는 크지 않아 실제 수익을 위해서는 많은 사람이 많은 양의 영상을 시청해야 하기에 AVOD는 시청자가 많은 경우에 가장 유익하다.

AVOD의 가격은 유튜브처럼 '무료 서비스', 광고가 있는 훌루처럼 회비를 과금하는 '월간 멤버십'으로 제공한다. 다만 프리미엄 콘텐츠 소유자는 SVOD 및 TVOD 플랫폼에 배포하는 것보다 AVOD 플랫폼에 공급하는 것이 수익이 적기 때문에 AVOD 플랫폼을 거의 활용하지 않는다.

셋째, TVOD는 이용자가 전체 영상물이 집적된 비디오 라이브러리에 접속해 구독하는 것이 아니라 개별 비디오만을 선택해 지불(구매 또는 임대)하고 볼 수 있는 채널을 말한다. 구체적으로 개별 비디오를 시청할 때마다 비용을 내거나 특정 콘텐츠에 대한 '시간제한 접속권'에 대해 비용을 내는 모델이다. 따라서 콘텐츠 제공 사업자의 입장에서 보면 TVOD 모델에서 영화나 시리즈물의 에피소드(series episodes)와 같은 비디오 콘텐츠는 일반적으로 구매 또는 대여를 위해 개별적으로 제공하는 것이 유리하다.

이 방식은 SVOD의 반대 개념으로서, SVOD의 보완재(補完財, comple-mentary goods: 재화를 따로따로 소비했을 때의 효용을 합한 것보다 함께 소비했을 때의 효용이 증가하는 재화)로 설계된 측면이 강하다. SVOD와 마찬가지로 광고에 의존하지 않기 때문에 NAVOD라 규정할 수 있다.

대표적인 TVOD 서비스의 사례는 아마존의 비디오 스토어(Video Store) 및 프라임 비디오, 구글 플레이(Google Play), 애플의 아이튠즈(iTunes), 스카이 박스 오피스(Sky Box Office) 등이다. TVOD에는 한 번 이용료를 내면 콘텐츠에 영구적으로 접근할 수 있는 '전자 판매 방식(EST, Electronic

Sell-through)'과 이보다 더 적은 비용으로 콘텐츠에 제한된 시간만 접근할 수 있는 '내려받기 대여 방식(DTR, Download to Rent)'이라는 두 가지 범주가 있다(Imagen, 2019).

TVOD는 콘텐츠 출시를 촉진하고 새 비디오의 출시 전까지 구축할 때 가장 효과적이다. 최신 작품을 제공하는 경향이 있어 권리 보유자에게 더 높은 수익을 제공하고 이용자에게는 신규 콘텐츠를 제때 볼 기회를 제공한다. TVOD는 이용할 때 가입비가 없으므로 플랫폼 업체의 마케팅 능력에 따라 얼마든지 더 많이 확보할 수 있는 잠재적인 시청자들을 유인하고자 설계되었다. TVOD의 장점은 콘텐츠에 대한 다양한 가격 옵션 제공, 제때에 독점 콘텐츠 및 신규 콘텐츠 출시, 단일 작품, 시리즈물, 장편 영화를 자유롭게 제공, 콘텐츠 대여와 구매란 선택권 제공으로 시청자 폭의 확대 등이다.

TVOD의 가격은 보통 구매용(다운로드 또는 평생 접속 가능)과 임대용으로 구분해 책정하는데, 매력적인 가격 성과보수를 제공하며 고객 유지와 재방문을 유도하는 경향이 있다. 에피소드, 시즌, 시리즈 단위로 패키징해 고정 가격이나 할인 가격으로 제공하기도 한다.

SVOD와 TVOD가 다른 점은 SVOD가 1개월 단위로 서비스 이용 요금을 결정하는 정액제 방식인 데 비해, TVOD는 프로그램 편당 이용 요금을 설정하는 건당 요금제 방식이라는 것이다. 또 SVOD가 선형 텔레비전(linear television)과 다른 점으로서, 선형 TV는 핵심 수익모델이 콘텐츠 편성 계획 구축이지만, SVOD는 콘텐츠 라이브러리 구축이다(Lotz, 2022). 비디오 스트리밍, OTT 또는 인터넷 배포 비디오는 인터넷을 통해 시청자가 직접 접근할 수 있는 모든 유형의 비디오를 포함하기 때문에

SVOD보다 범위가 더 넓다.

넷째, FVOD는 플랫폼 운영자가 마케팅 수단으로 여겨 과금 의무의 부여 없이 공급되는 무료 비디오를 지칭한다. 이용자의 적극적인 소비를 위해 제안된 모델로서 구독 계정 없이 직간접 비용을 지급하지 않고 무료로 비디오 콘텐츠를 시청하는 것이 가능하다(OTTX, 2021).

일반 버전의 유튜브가 대표적인 FVOD 플랫폼이다. 유튜브는 현재 매일 10억 시간의 무료 비디오를 제공하는데, 자사의 사업이 성숙 단계에 진입할 경우 앞으로 계속 무료 서비스가 가능할지 의문이다(Werd, 2021). 유튜브의 핵심 경쟁자는 무료 동영상을 사용해 청중을 늘리는 소셜 네트워크로 보인다.

FVOD 체제에서 광고주의 주요 목표는 비디오 및 콘텐츠 전송 플랫폼을 통해 고객에게 자신이 어필하는 메시지가 도달하도록 하는 것이다. 그래서 콘텐츠를 시청할 때 광고를 일부러 건너뛰거나 회피하지 못하도록 일련의 광고물 시청을 강제하는 장치를 부여하는 경우가 흔하다. 그런데 많은 이용자가 광고 시청을 귀찮아하는 경향이 있어 넷플릭스 AVOD와 아마존 프라임은 광고가 없으며, 훌루는 광고 없는 옵션을 제공하고 있다(Werd, 2021).

FVOD 콘텐츠의 대표적 사례로는 작품 시리즈물의 방영을 앞두고 파일럿 에피소드를 풀어서 이용자들이 무료로 감상할 수 있도록 하는 것, 완전한 상업영화와 드라마의 '예고편(trailer)' 및 영화나 드라마의 촬영 현장을 따라다니며 제작 과정을 기록한 '메이킹 필름(making film)', 스타 뮤지션의 '신작 뮤직비디오'를 별도의 비용 없이 제공하는 것 등이 있다.

다섯째, 여러 형태가 혼합된 '하이브리드 모델'이다. 이런 혼합형 모델에는 'S-T 하이브리드(SVOD+TVOD의 혼합형)'와 'A-S 하이브리드(AVOD+SVOD의 혼합형)'로 나눌 수 있으며 앞으로 수익모델 구성에 따라 다양한 신종 형태도 등장할 수 있다. S-T 하이브리드 모델은 월정 이용료 구독제, 건당 과금, 실시간 무료방송 시청이 혼합된 형태로 웨이브와 티빙 등에서 확인할 수 있다. A-S 하이브리드 모델은 광고 시청의 대가로 무료 또는 할인 콘텐츠 제공, 월정 이용료 구독제가 혼합된 형태다. 사례는 피콕, 넷플릭스 등이다. 향후 FAST 채널의 성장과 공세가 강화되면 OTT와 제도권의 유료방송이 변신해 다채로운 하이브리드 모델을 내놓을 가능성이 크다.

결론적으로 SVOD, AVOD, TVOD, FVOD, 하이브리드 모델 등 앞에서 열거한 모든 형태의 VOD는 이용자의 수요 현황과 시시각각 변하는 소비 추세, 운영자의 수익성과 경영 지속 가능성을 우선해 각 업체가 자유롭게 선택할 것이다. 특히 각 유형과 요건에 따라 콘텐츠를 공급하는 송신자와 이를 받는 수신자 간 합의 내용에 따라 라이선스 유형, 가격 유형과 가치, 주문 명세, 방영 및 사용 조건 등이 규정될 것이다.

FAST 채널의 경제적,
기술적 운용 원리는

1 FAST의 이점과 작동 원리

글로벌 방송 시장에서 요즘 가장 큰 시선을 끌고 있는 FAST 서비스는 이용자들이 비용을 전혀 들지 않고 고화질 스트리밍, 짧은 광고 로드 시간, 이용자 친화적인 인터페이스를 통해 색다른 '이용 경험(use experience)'을 추구할 수 있다는 것이 가장 큰 매력이자 이점이다. 또한 스마트TV부터 모바일 장치까지 다양한 장치를 이용한 접근이 가능하며, 다양한 장르의 많은 콘텐츠가 채널에서 제공되기 때문에 선택의 다양성을 누릴수 있다.

이 가운데 이용자들이 가장 크게 주목하는 것은 '무료 이용'이다. 사람들은 콘텐츠를 감상할 때 될 수 있으면 무료 이용을 원한다. 공짜를 좋아하는 것은 동·서양인이 다를 바가 없는 본능적인 소비자 심리다. FAST 채널은 바로 이런 이용자들의 소비 욕구를 정면으로 파고들어 절묘한 수익모델을 마련했다. 기존 유료 TV, 통신사의 IPTV, OTT 채널에서 유료로 제공되던 콘텐츠를 '무료'로 볼 수 있게 길을 터서 이용자를 적극적으로 유인한 것이다.

언뜻 전파 송신 기반의 지상파 TV에다가 자유로운 아카이브식 편성을 덧붙여 초고속 인터넷으로 옮겨놓은 것과 같다. 무료이지만 자체적인 편성 계획에 따라 콘텐츠를 매일 일방적으로 라이브 전송하는 지상파 TV의 단점을 극복하고, 이용자가 보고 싶을 때 언제든지 콘텐츠에 접근하도록 설계했기 때문이다. FAST 서비스는 원활하게만 가동되면 이용자, 콘텐츠 제공업체, 광고주 그리고 장비 판매업체 모두에게 이익이 되는 구조다.

작동 방식이 광고에 의존해 수익을 창출하고 이용자에게 계정을 만드는 번거로움을 주지 않으며, 선형 및 주문형 프로그래밍을 혼합해 무료로 제공하기 때문이다. 목표 청중의 관심을 끌 만한 콘텐츠를 수집하거나 제작하는 콘텐츠 큐레이션(content curation), 정교한 예약과 프로그래밍, 전통적 방식의 중간 광고부터 더 짧은 대화형 메시지 형태까지, 나아가 전체 이용자부터 개별 이용자를 대상으로 표적화 광고까지 모든 형식의 광고를 할 수 있다. 실시간 데이터 분석과 이용자 행동 추적 가능, 다양한 FAST 플랫폼에 배포하는 유통의 다양화란 특징도 사업자들에게 매력적이다.

FAST 서비스의 이점은 무엇보다도 이용자의 구독료 부담 해소다. 북미에서 이용자들이 유료방송의 전송선인 '코드(cord)를 자르고(cut)' FAST 서비스로 급격히 이동하면서[1] FAST 서비스 붐을 형성한 가장 큰 이유가 바로, 과도한 구독료 비용 때문이다. 따라서 구독료를 지불했던 기존 케이블TV나 OTT의 단점이 곧 FAST의 장점이라 할 수 있다. 디지털 매체의 강세로 TV 광고 시장이 급격하게 축소되는 상황에서 FAST가 TV 광고의 보완재 역할을 할 가능성도 있다는 분석(김선미·이상원·손현정, 2023)은 필자가 볼 때 적절하고도 유효하다. 따라서 FAST 운용 원리를 보다 구체적으로 경제적인 측면과 기술적인 측면에서 살펴볼 필요가 있다.

---

[1] 따라서 북미에서는 케이블TV 등 유료방송 가입자가 정기적인 가입 약정을 해지하고 FAST와 같은 새로운 플랫폼으로 이동하는 것을 '코드 커팅(cord cutting)'이라 하고, 그러한 해지와 갈아타기 행위를 하는 이용자를 '코드 커터(cord cutter)'라 부른다.

2 FAST의 경제적 운용 원리

그렇다면 본격적으로 FAST 채널의 경제적인 운용 원리를 살펴보자. FAST 채널을 운용하는 콘텐츠 제공업체들은 지상파 방송사의 경영 모델처럼 콘텐츠 이용을 대가로 광고를 보게 하는 방식을 적용해 이용자를 끌어모을 수 있다. 광고 대상, 길이(분량)와 시점(프로그램 내 위치)에 구애받지 않고 자유롭게 광고할 수 있는데 '광고 건너뛰기'가 불가능해 이용자의 광고 시청을 강제하므로 '도달률'(Reach: 광고를 노출한 대상 중에서 광고를 실제로 본 비율)이 높아, 광고 시청이 선택적인 매체에서보다 많은 광고 수익을 기대할 수 있다.

FAST 채널에서는 다양한 층위의 표적화(targeting) 광고와 15초 이상의 긴 광고(30초, 45초, 60초 또는 그 이상의 길이)의 집행이 가능하다. 지상파, 유료방송, 기타 AVOD에 적용되는 프리롤(Pre-roll: 프로그램 시작 전이나 콘텐츠의 재생 전에 배치한 광고), 미드롤(Mid-roll: 프로그램 시청이나 콘텐츠 재생 과정의 중간에 배치한 삽입 광고), 포스트롤(Post-roll: 프로그램 시청 종료나 콘텐츠의 재생 종료 직후 배치한 광고) 체제처럼 광고 노출 시점의 제약을 받지 않는다.

아울러 FAST 채널의 첫 화면, 채널 메뉴, 콘텐츠의 각종 위치는 물론 리모컨의 버튼까지 광고비를 받고 운용할 수 있다. 광고비를 많이 낸 몇몇 채널에 가장 주목받는 자리를 배정하거나 자주 노출하는 방식이다. 리모컨에서는 보통 적지 않은 광고비를 미리 낸 특정 채널에만 '직통 버튼'을 설정한다. 새 버전의 스마트TV가 출시될 때는 리모컨 버튼을 재편하는데, 새로운 광고주에게 직통 버튼을 설정해 준다. 서점의 핵심 공간에 책을 비치하는 매대 비용이나 시장의 자릿세 같은 개념으로 영업을 하는 것이다.

FAST 채널에서 광고 영업은 경영을 좌우하는 핵심 요소다. 스마트 TV, 모바일, 컴퓨터 등 기기·장비를 생산·유통하는 업체는 비교적 고가인 제품을 고객에게 판매하면서 일차로 고객 서비스 확대 개념으로 자체 채널을 편성해 콘텐츠를 제공한다. 이차로 기기 구매자 네트워크로 광대한 플랫폼을 구성해 채널의 시청 경쟁력을 확보하고, 삼차로 이런 모든 인프라와 데이터를 광고 영업에 활용한다.

광대역과 비디오 스트리밍 솔루션 업체인 하모닉(Harmonic)은 FAST 서비스의 경우 이용자에게 콘텐츠 구독료 부담을 덜어주고, 방송 사업자는 이용자 확보가 쉽고 서비스 해지율이 낮아 광고 수익을 통해 수익률을 확보할 수 있으며, 광고주에게는 추려진 이용자에 대한 데이터를 기반으로 정확한 광고가 가능하다고 진단했다(Nicholson, 2023).

구체적 운용 원리는 〈표 2-1〉과 같이 이용자, 콘텐츠 제공업체, 광고주, 기기·장비 업체 입장으로 나눠 살펴볼 수 있다.

첫째, 이용자 관점에서 이용의 경제성, 시청 불편성, 시청 시간·콘텐츠의 다양성, 접근 용이성의 특징이 있다. 이 가운데 이용 경제성, 즉시 선택성, 접근 용이성은 이점이다. FAST 채널은 이용자에게 비용 부담 없이 콘텐츠 시청에 대한 더 많은 선택과 더 쉬운 접근성을 제공한다. 아울러 다른 방송처럼 이용자가 항상 무엇을 시청할지 채널이나 프로그램 선택을 놓고 고민해야 하는 수고를 덜어준다. 이용자들이 구독(시청) 수를 줄이거나 추가하는 조처를 할 필요 없이 시청 선택의 폭을 넓히는 기

표 2-1 | 각 주체별 FAST 채널의 경제적 운용 원리

개념	효용	이용자(시청자)	콘텐츠 공급 업체	광고주	기기·장비 업체
F	Free (무료 시청)	이용의 경제성 (OTT와 달리 과금이 없음)	고객 확장성 (유인, 이탈 방지, 확장에 유리)	신규 시장성 (새로운 광고 수익 공간, 접점 제공)	서비스 확장성 (장비 판매에 따른 부가 서비스 개념)
A	Ad-supported (광고 기반)	시청 불편성 (상당한 편수의 광고 시청 불편 감수는 기본)	수익 보전성 (광고 수익으로 무료 공급에 따른 손실 보전 및 수익화)	고객 친화성 (방송 프로그램에 보다 더 가까운 광고 경험을 제공)	부가 수익성 (장비 판매 외 '광고'는 별도의 수익 기대 가능)
S	Streaming (실시간 재생)	시청 시간·콘텐츠의 다양성 (희망 시간, 선호 콘텐츠 자율 선택)	서비스 신속성 (아카이브에서 큐레이션 AI가 콘텐츠 즉각 제공)	전략 즉응성 (실시간 광고 효과를 보면서 경영에 유리한 광고 전략 가동)	데이터 집적성 (쌍방향 서비스로 고객, 광고 데이터 집적 및 활용 가능)
T	TV (인터넷 기반 리니어TV)	접근 용이성 (CTV, 전용 앱, 모바일로 확장)	인프라 효율성 (별도 회선이나 장비 가설 불필요)	영업의 과학성 (광고 시 정확한 타기팅과 데이터 입체 분석 가능)	네트워크 확보성 (디바이스, 전용 앱 구매자 기반의 대형 플랫폼화 가능)

회를 제공한다.

먼저 '이용의 경제성'은 OTT와 달리 무료로 제공되므로 별도의 과금 (pay)이 없기에 비용 효율성(cost-effective)에서 확실한 이점을 제공하며, 심미적으로 친숙한 이용자 인터페이스(UI)를 통해 다양한 고화질 스트리밍 콘텐츠를 보는 특별한 이용자 경험(user experience)을 편안하게 누릴 수 있도록 안방이나 이동형 매체에 제공한다는 의미다. 가성비가 뛰어난 서비스라는 뜻이다.

거대 미디어 기업들의 OTT 서비스 경쟁이 과열되며 고품질 및 오리지널 콘텐츠(original content) 수급에 사활을 걸면서 제작비를 충당하기 위한 서비스 구독료 인상이 잇따라(Schomer, 2020) OTT 붐 시대에 적지

않은 부담이 되고 있다. 다만 무료 이용이라 해서 부담이 전혀 없는 것은 아니다. 시청할 기기·장비가 갖춰지지 않았다면 이를 구비해야 한다. 필요한 기기·장비는 스마트 기능이 탑재된 넓은 화면을 갖춘 스마트TV, 게임기, 인터넷과 연결해 스트리밍 기능을 발휘하는 스트리밍 장치나 모바일 기기 등이다.

여러 개의 OTT를 동시에 구독하는 이용자들은 부담이 클 수밖에 없기 때문에, 무료 콘텐츠 제공은 이용자를 흡인하기 충분하다. 주니퍼 리서치(2021.1)는 2020년 미국에서 SVOD 가입 가구가 평균 4개의 OTT를 구독 중인데, 그 가운데 55%가 구독료 부담으로 구독을 줄일 것이라 답했다는 조사 결과를 내놓았다. 이용자 측면에서 보면 FAST 채널 이용이 '최대 다수의 수혜(무료 이용)'라는 점은 경제학에서 말하는 '공공재'(시청자 추가 단위의 한계 비용이 0)를 누리는 것과 흡사하다.

무료 TV의 탄생 및 운용 원리는 최대 다수 이용자의 복지를 극대화하는 데 목표를 둔다. 정부가 이런 목표를 실현하려고 국가 예산에서 할당해 방송 사업자에게 보조금을 주거나, 광고라는 제도를 허용하고 그 재원으로 '무임승차자(free rider)'라 할 수 있는 수많은 이용자가 원하는 가치 있는 프로그램을 제공하는 것이었다(Snider and Sinclair, 2002).

이용자들은 FAST 채널을 무료로 보는 대신, 시청 환경을 갖추기 위해 비교적 고가인 스마트TV 같은 장비를 구매해 인터넷과 연결해야 한다. FAST 채널을 가동할 다양한 장치 가운데 자신의 취향과 형편에 맞는 것을 구매해야 한다는 뜻이다. 특히 스마트TV는 본질에서 TV라기보다 다양한 기능을 갖춘 '컴퓨터'라고 규정할 수 있는데, 가격은 고급 사양의 개인용 컴퓨터보다 몇 배나 비싸므로 사려면 큰 결심을 해야 한다.

'시청 불편성'은 FAST 채널의 거의 유일한 단점으로, 이용자들이 상당한 편수의 광고를 사전 또는 중간에 시청해야 하는 불편을 의미한다. 콘텐츠의 가치나 중요도에 따라 이용자의 예상을 뛰어넘는 많은 편수의 광고를, 비교적 길게 제작된 동영상으로 봐야할 수도 있다. 그러나 이용자가 FAST의 무료 서비스에 적응되는 순간, 이런 수고를 스트레스로 인식하지 않는 심리체계가 자리 잡을 것으로 보인다.

'시청 시간·콘텐츠의 다양성'은 이용자가 원하는 시간에 뉴스, 스포츠부터 영화, 전문 프로그램에 이르기까지 다양한 콘텐츠를 마음대로 골라 곧바로 감상할 수 있는 특성을 의미한다. '언제(when)'와 '무엇을(what)'의 선택성을 크게 확대한 것이다. FAST 서비스에서는 이용자가 원하는 시간대를 택해 실시간 주문 및 예약할 수 있다. 정교한 TV 예약기능을 내장하고 있어, 시청자가 원할 경우 이 프로세스를 자동 실행함으로써 효율적으로 콘텐츠를 전달해 준다.

아울러 목표하는 이용자의 관심을 끌 만한 콘텐츠를 수집하거나 편성하는 콘텐츠 큐레이션이 가능하다. 따라서 이용자는 TV나 모바일 매체에 설치된 FAST 채널 앱 아이콘만 클릭하면 곧바로 연결되어 내려받기가 아닌 스트리밍으로 원하는 콘텐츠를 속도 면에서 답답함 없이 볼 수 있다. 시청 시간과 콘텐츠 레퍼토리의 넓은 선택성은 이용자의 참여 유지에 큰 도움이 된다.

'접근 용이성'은 스마트TV부터 모바일 장치에 이르기까지, 다양한 시청 장치로 FAST 채널에 쉽게 액세스할 수 있어 잠재고객에 대한 도달 범위가 넓어진다는 뜻이다. 이용자들은 FAST 채널 시청만을 위한 별도의 연결 회선 가설 없이 현재 이용 중인 통신사의 초고속통신망이나 지역 유선방송사(SO, system operater)의 케이블 회선을 그대로 활용할 수 있는 데다, 셋톱박스 없이 '한 번의 앱 클릭'을 통해 더 쉽게 접속할 수 있다. 접근성(accessibility)이 대폭 확대된 신규 방송 서비스라고 요약 가능하다.

둘째, 콘텐츠 제공 사업자 관점에서는 고객 유지성, 수익 보전성, 서비스 신속성, 인프라 효율성을 기대할 수 있다. 콘텐츠 제공자 가운데 방송사, 콘텐츠 제작·배급업자에게는 더 넓은 시청자층에게 다가갈 수 있는 플랫폼을 제공한다. 이러한 채널은 콘텐츠 제작자에게 자신의 작품을 세계 시청자에게 선보일 기회를 제공하고, 배급사는 전통적·지리적 경계를 넘어 시청자 기반을 넓힐 수 있다. 전통적인 TV와 케이블TV 등에는 시청자가 신생 디지털 플랫폼으로 떠나지 않도록 서비스 다양화, 자체 FAST 채널 개발, 디지털 플랫폼과 협력 강화 등을 모색해야 한다는 도전적 과제를 제시한다.

먼저 '고객 유지성'의 경우 FAST 서비스에서는 무료로 콘텐츠가 제공되기 때문에 이용자를 충성스러운 고객으로 유인하는 마케팅에 유리하며, 그렇기 때문에 지속해서 이용자를 늘려갈 수 있다는 원리다. 콘텐츠 공급업자는 이 같은 광고 기반 모델을 사용하면 기존의 유료방송처럼 대규모의 구독자 기반이 없이도 수익을 창출할 수 있다. 콘텐츠 소유자 또한 FAST 플랫폼에 내장된 다양한 잠재고객을 활용해 콘텐츠의 기획·투자·제작에 반영할 수 있다.

특히 FAST 플랫폼에 내장되어 기능하는 실시간 데이터 분석 도구를 활용해 시청자 행동을 추적하면, 채널 운영자는 무엇이 효과가 있고 무엇이 효과가 없는지 파악하기 용이하므로, 향후 프로그램 수급과 편성

전략에 반영함으로써 이용자와 광고주를 상대로 '채널 매력도'를 더욱 높일 수 있다.

'수익 보전성'은 무료로 콘텐츠를 공급하는 대신 기업 등 광고주들의 상품, 서비스, 이미지 광고를 유치해 그에 따른 손실을 보전함은 물론이고 손익분기점을 웃도는 많은 수익을 기대할 수 있다는 것이다. 특히 디지털 광고는 기존 지상파, 신문 광고보다 목표 계층에 대한 집중 광고가 가능한데, FAST 광고의 경우 광고 건너뛰기가 구조적으로 불가능하기에 광고 시청 완료율이 모바일 광고보다 높아 수익성을 기대하기 쉽다(이용성, 2022).

'서비스 신속성'은 큐레이션 인공지능(AI)으로 신속하게 콘텐츠 파일 저장고인 '압축저장소(archive)'를 구축해 이용자가 원하는 콘텐츠를 쉽게 골라볼 수 있도록 편리한 기술적 체제를 확립한 것을 뜻한다. 아울러 기능적으로는 콘텐츠를 순간적 또는 주기적으로 신속하게 교체할 수 있기에 콘텐츠 서비스의 최신 상태를 유지하고 기존 TV보다 훨씬 빠르게 시청 선호도에 대응할 수 있다. 이러한 유연성을 적용하면 이벤트, 주제, 판촉을 중심으로 한 '팝업 FAST 채널' 생성으로 또 다른 역동성을 선보일 수도 있다.

'인프라 효율성'은 별도의 회선 연결이나 장비 가설이 불필요해 전환 비용이나 신사업으로서 투자비용이 적은 대신 큰 수익을 기대할 수 있다는 특성이다. 만약 FAST 서비스를 시작한다면 방송사는 별도로 FAST 서비스 창을 만들면 되고, OTT 업체는 제공되는 콘텐츠마다 광고를 붙이면서 '무료 이용 콘텐츠'로 전환하면 된다.

셋째, 광고주들에게는 신규 시장성, 고객 친화성, 전략 즉응성, 영업의 과학성을 강화해 준다고 평가할 수 있다.

'신규 시장성'은 FAST 채널이 무료 시청으로 유인된 시청자에게 광고할 새로운 수익 공간이나 접점을 광고주에게 제공해 줌을 뜻한다. '고객 친화성'은 시청자가 FAST 채널로 콘텐츠를 볼 때, 광고 건너뛰기나 생략이 불가능하므로 다른 매체에서 광고를 보는 것보다 훨씬 더 방송 콘텐츠에 가까운 광고 경험을 한다는 것이다. 광고 영상이 방송 프로그램에 묻어가며 자연스럽게 메시지를 받아들이도록 한다는 논리다. 그렇기 때문에 광고주도 FAST 채널용 광고는 시청자에게 더욱 친숙한 포맷으로 제작해 집행한다.

다음으로 '전략 즉응성'이다. FAST 채널의 실시간 스트리밍 체제는 실시간 시청자 분석이 가능하다. 이로써 그때그때 적절한 대응으로 전략을 바꿔가며 디지털 광고의 힘을 활용할 기회가 보장된다는 의미다. 광고주는 광고 효과를 보며 경영에 유리한 관점에서 수시로 광고 송출 전략을 바꾸거나 새로 전략을 설정해 적용할 수 있다. FAST 채널은 수많은 광고를 통합 운용하는 체제인 만큼 다양한 위치, 분량, 표현 방식(메시지형, 대화형, 숏폼형 등)으로 광고 전략 수립 및 집행이 원활한 것이다.

'광고의 과학성'은 이용자 세분화로 정확한 표적화와 입체 분석이 가능해 광고의 체계화와 전문화를 꾀할 수 있다는 특징이다. 고급 분석을 통해 다양한 지표를 기반으로 더욱 정확한 '표적 광고(targeted advertising)'가 가능해지므로 광고 슬롯으로서 FAST 채널의 가치는 더욱 높아진다. 개별 사용자를 대상으로 광고를 표적화하는 프로그래밍 방식의 광고가 대표적인 사례. 광고주가 이런 원리를 목적과 상황에 맞게 잘 활용한다면 비용 대비 메시지 효과가 커져 광고 효율성을 크게 높일 수 있다.

넷째, 기기·장비 생산자의 처지에서 서비스 확장성, 부가 수익성, 데이터 집적성(集積性), 네트워크 확보성이라는 매력이 있다. 특히 스마트 TV를 생산하는 가전업체는 자사 TV와 구매자 네트워크를 활용해 광고, 콘텐츠, 데이터 기반 'TV 플랫폼 사업'을 할 수 있으므로 수익성이 기대되는 신규 사업 진출과 유사한 효과를 누릴 수 있다. 스마트TV 하드웨어에 자사 전용 운영체제를 접목하면 이 같은 사업이 가능하기 때문이다.

먼저 '서비스 확장성'은 스마트TV, 모바일, 컴퓨터 등과 같은 장비를 판매하면서 부가 서비스로 무료 콘텐츠를 제공하기에 고객들을 상대로 마케팅하기 유리하다는 뜻이다. 장비 고장 AS와 개선과 같은 기술적 사후관리 외에 별도로 제공될 무료 콘텐츠라는 수혜는 고객들을 흡인하는 요인이 될 수밖에 없다. '부가 수익성'은 이처럼 장비 판매 외 별도의 광고 영업을 통해 추가적인 수익을 기대할 수 있다는 특징이다. 장비 판매업체가 운이 좋게도 디지털 시대를 만나 광고라는 부가 사업을 창출한 경우라고 볼 수 있다.

'데이터 집적성'은 장비업체가 콘텐츠를 쌍방향 서비스로 제공하는 만큼 고객들의 취향과 이용 패턴 등에 관한 광범위한 데이터 집적이 가능해, 이것을 다양한 마케팅에 활용할 수 있다는 것이다. 광고 건너뛰기가 불가능한 FAST 체제에서는 이용자 통계를 고려한 타깃 광고와 정밀한 광고 효과 측정이 가능하다. 특히 모바일 광고와 비교 시 대형 화면을 갖춘 스마트TV에 광고가 노출될 경우 몰입감이 크고 고가의 TV를 구매한 구매력이 높은 고소득 이용자를 상대로 전략적인 광고 집행이 가능하다 (이용성, 2022).

'네트워크 확보성'은 장비업체 입장에서 장비 구매자 기반의 자체 플랫폼 구축이 가능하다는 것이다. 가령 FAST 채널을 볼 수 있는 장비 가운데, 스마트TV를 판매한 가전업체가 구매 고객을 '회원 가입'으로 연결한다면, 고객들에게 스마트TV를 통해 통상적인 사후 기술 서비스도 제공하고 부가적으로 콘텐츠 공급 채널의 역할도 수행한다.

아울러 국내의 삼성전자, LG전자, 미국의 비지오(VIZIO)처럼 TV 생산업체가 FAST 플랫폼을 운영하는 경우, 현재 부분적으로 시행되고 있는 것처럼 자사의 TV에 내장된 FAST 전용 앱을 무선 노트북, 태블릿, 휴대전화 등 모바일 기기로 내려받아 사용할 수 있게 개발해 제공하면 이용자 접근성이 확대되어 네트워크가 더욱더 커진다. 이렇게 되면 흔히 '공룡'이라 불리는 글로벌 미디어 기업 못지않게 가전업체도 '강력한 플랫폼'으로 성장해 위력적인 역할을 할 수 있다.

3 FAST의 기술적 운용 원리

이제부터는 FAST 채널의 기술적인 운용 원리를 살펴보자.

FAST 채널은 이용료를 내는 방식이 무료인 AVOD와 유사한 스트리밍 서비스로서 기술적인 측면은 OTT의 운용 원리와 대동소이하다. 현재 국내는 물론이고 선진국에서 통용되는 커뮤니케이션 도구인 초고속 인터넷망을 기반으로 하며, 방송 제도와 정책 범주에 포함되어 정부 당국의 규제를 받는 방송이 아니라는 점에서 FAST와 OTT는 같다. FAST는 구독 회원 가입이 필요 없이 자유롭게 접속하고 이용할 수 있다. OTT는 가입

후 유료 회원임을 인증하고 TV, 모바일, 태블릿, PC 등 다양한 기기로 접근한 이들에게 대체로 유료로 스트리밍 서비스된다는 것이 다르다.

기술적으로 FAST는 첫째, 영화·드라마·다큐멘터리나 예능 등 다양한 콘텐츠를 인터넷 스트리밍으로 이용할 TV 화면을 갖춘 장치가 요구된다. 이 때문에 FAST 채널을 '디바이스 의존형 서비스' 또는 '디바이스 의존형 플랫폼'이라고 규정하기도 한다. 따라서 FAST 채널을 이용하려면 스마트TV, 스트리밍 장치와 동글, 스마트폰과 태블릿, PC 등의 기기가 필요하다.

스마트TV는 클릭 한 번으로 접속이 되기에 가장 편리한 이용 수단이다. 대부분의 스마트TV는 삼성TV플러스, LG채널, 비지오, 투비와 같은 대중적으로 인기가 있는 FAST 플랫폼을 내장된 앱(전용 앱)으로 제공한다. 기존 TV(스마트TV 이전 단계의 사양)를 이용할 경우 '스트리밍 장치'와 '동글'이 필요하다.

이런 장치들은 TV를 인터넷에 연결해 주는 기능을 한다. 스트리밍 장치와 동글을 TV에 설치 또는 부착하면 이 장치의 앱스토어에서 FAST 채널 앱을 내려받고 접속할 수 있다. 로쿠, 아마존 파이어TV, 구글 크롬캐스트, 애플TV와 같은 스트리밍 장치나 다른 업체의 동글을 설치하면 FAST 채널 앱을 지원한다.

스마트폰과 태블릿의 경우 앱스토어(구글스토어, 애플스토어와 같이 모바일 기기에 다양한 애플리케이션을 제공하는 플랫폼) 또는 구글 플레이에서 이용하고자 하는 FAST 채널 모바일 앱을 내려받아 콘텐츠를 스트리밍하면 된다. 데스크톱 컴퓨터를 활용한다면 인터넷 브라우저로 접속해 컴퓨터의 FAST 채널에서 직접 스트리밍하거나 FAST 채널의 웹사이트

표 2-2 | FAST 채널을 이용할 때 필요한 스크린과 관련 기기 및 앱

이용 매체(스크린)	FAST 서비스 접속 절차와 필요한 장치 및 앱
스마트TV	- 스마트TV에 내장된 FAST 애플리케이션을 클릭해 이용(스마트 TV 대부분은 삼성TV플러스, LG채널, 비지오, 투비와 같은 FAST 플랫폼 시청용 내장 앱을 제공).
기존 TV (스마트TV 이전 단계의 사양)	- 스트리밍 장치나 동글을 설치해 TV와 인터넷을 연결하고, 앱스 토어에서 FAST 채널 앱을 내려받아 접속(Google Chromecast, 애플TV, 로쿠, 아마존 파이어TV 등의 스트리밍 장치에서는 FAST 채널 앱을 지원).
스마트폰, 태블릿PC	- 앱스토어(구글스토어, 애플스토어 등)나 구글 플레이에서 시청 을 희망하는 FAST 채널 모바일 앱을 내려받아 콘텐츠를 스트리 밍해 시청.
데스크톱 컴퓨터	- 인터넷 브라우저를 통해 컴퓨터의 FAST 채널에서 직접 콘텐츠를 스트리밍하거나 FAST 채널의 웹사이트로 이동해 시청.

로 이동해 바로 콘텐츠를 시청할 수 있다.

다소 명칭이 생소한 '스트리밍 장치'는 인터넷 연결 기능 지원을 위해 TV에 설치하던 작은 크기의 장치로서 스마트TV 이전 단계의 TV에 적용할 수 있어 스마트TV 구매 붐이 일기 전까지는 보급률이 가장 높았다. 이것은 그간 무료 콘텐츠 공급을 통해 광고 수익의 확장을 꾀한 로쿠와 같은 유의 일반적인 FAST 채널 업체가 보급에 앞장섰다. 설치가 간편하고 구매 비용도 저렴해서 설비 비용이 게임기나 스마트TV에 비해 크게 절약된다.

녹화용 셋톱박스는 추후 이용(시청)을 위한 지상파 TV 프로그램이나 영화 등의 콘텐츠 저장이라는 이점이 있으나 스트리밍 앱에 액세스가 제한되는 경우가 많아서 별도의 장치가 필요했으며, 그 대안으로 스트리밍 장치가 등장했다(Cocks, 2023). 따라서 이 장치를 부착하면 TV 성능을 높여 모든 서비스를 한곳에서 고품질로 공급할 수 있고, 음성 제어 기

표 2-3 | FAST 채널의 기술적 운용 원리

구분	세부 특징
다바이스 의존성	• 스트리밍을 이용할 수신 장치나 앱을 갖춘 스크린 필요 - 스마트TV, 스트리밍 디바이스, 게임기, 전용 앱 등 (HDTV, 스마트TV, 게임기, 태블릿PC, 무선 노트북, 휴대전화기 등)
선형 공급 구조	• 인터넷망을 통한 선형 시스템(linear system)의 공급구조 - 실시간으로 간섭·방해 없이 콘텐츠를 이용자에게 곧바로 제공
채널 구성의 다양성	• 콘텐츠 공급 방식 및 채널 구성이 제약이 없어 다양함 - 단일 채널(single channel), 혼합 채널(mixed channel), 직영 채널(supplier channel) 등으로 다채롭게 구성

능, 휴대전화기와 태블릿에서 곧바로 대화면에 콘텐츠를 방영하는 기능을 추가할 수 있다.

시중에는 로쿠의 '로쿠 스트림바(Roku Streambar)', '로쿠 스트리밍 스틱 4K(Roku Streaming Stick 4K)', '로쿠 익스프레스 4K(Roku Express 4K)', 구글TV의 '크롬캐스트(Chromecast)', 애플TV의 '애플TV 4K' 등 매우 다양한 제품이 나와 있다. 이 가운데 속도와 음성으로 제어되는 '파이어TV 큐브(Fire TV Cube)'와 스마트폰이나 태블릿에서 TV로 콘텐츠를 전송할 수 있는 '4K 구글 크롬캐스트'가 많이 사용된다.

모델이 다양한 로쿠의 제품은 단 몇 분 만에 설정할 수 있어 편리하다. 4K 화질을 지원하고 직관적이며 음성 검색 기능도 제공한다. 작고 간편하며, 속도가 빠르고, 인터페이스도 복잡하지 않다. 리모컨에서 스포티파이, 넷플릭스 또는 애플TV플러스(AppleTV+)로 곧바로 이동할 수 있다. 따라서 넷플릭스, 나우, 디즈니플러스(Disney+), 프라임 비디오, 애플TV 플러스 등 주요 TV 채널의 '따라잡기(catch-up)'를 포함한 광범위한 스트리밍 서비스 이용에 유용하다.

디지털 시대에 우리가 쓰는 기기와 장치들은 엉성하거나 이 시대의 이용자가 보유한 명민한 직관과 감성을 충족하지 못하는 것이 많다. 심지어 리모컨조차도 FAST 서비스와 같은 스트리밍 서비스 이용을 위해 설계되지 않은 것이 많다. 따라서 스트리밍 장치도 구매 전후에 반드시 테스트를 해봐야 한다. 구매한 최신 스트리밍 기기를 TV에 연결해 넷플릭스, 유튜브 등 사용하는 앱을 가동해 콘텐츠를 시청해 보면서 인터페이스 설정과 탐색, 휴대전화기에서 미러링이나 캐스팅 같은 추가 기능 시현, 장치가 지원하는 오디오 및 시각적 형식을 점검해야 한다(Cocks, 2023).

스마트TV는 쌍방향 디지털 체제, 초고화질(4K, 8K) 구현, 화면 개선과 보정 등 다양한 인공지능 기능의 탑재가 기본인데 LED보다 OLED 화면일수록, 크기가 작은 화면보다 큰 화면일수록 가격이 비싸다. 가계의 성장, 문화적 욕구, 방역을 위한 영화관 기피, 안방극장 세팅 등의 사유로 보급률이 급격히 늘고 있다. 이런 흐름은 특히 '코로나-19' 유행 시기에 두드러졌다. 삼성전자와 LG전자처럼 대형 화면을 갖춘 '안방극장'을 제공한 가전업체가 이것이 엄청난 네트워크를 갖춘 플랫폼이 될 것이라 자각하고 스마트TV 내에 FAST 채널을 구축한 것은 혁명적인 발견이라 해도 과언이 아니다.

게임 콘솔, 즉 게임기는 소니(Sony), 마이크로소프트(Microsoft), 닌텐도(Nintendo) 등과 같은 게임 장비 제조사가 주로 생산한다. 게임기는 컴퓨터 게임을 원활하게 구현하고자 충분한 메모리와 고화질 그래픽 기능을 내장하는데, TV 등에 연결하면 게임을, 인터넷에 연결하면 멀티플레이 동영상을 구현하는 기능이 갖춰져 있다. 게임 콘솔에서 '콘솔(console)'은 원래 라디오, TV 수상기, 전자제품 등을 먼지나 충격으로부터 보호하

표 2-4 | FAST 채널의 콘텐츠 공급 경로 및 운영 체계

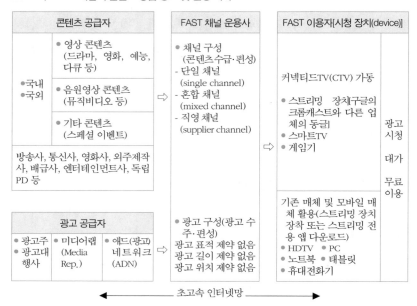

콘텐츠 공급자		FAST 채널 운용사	FAST 이용자[시청 장치(device)]	
●국내 ●국외	● 영상 콘텐츠 (드라마, 영화, 예능, 다큐 등)	● 채널 구성 (콘텐츠 수급·편성) - 단일 채널 (single channel) - 혼합 채널 (mixed channel) - 직영 채널 (supplier channel)	커넥티드TV(CTV) 가동 ● 스트리밍 장치[구글의 크롬캐스트와 다른 업 체의 동글] ● 스마트TV ● 게임기	광고 시청 대가 무료 이용
	● 음원영상 콘텐츠 (뮤직비디오 등)			
	● 기타 콘텐츠 (스페셜 이벤트)			
방송사, 통신사, 영화사, 외주제작 사, 배급사, 엔터테인먼트사, 독립 PD 등				
광고 공급자		● 광고 구성(광고 수 주·편성) 광고 표적 제약 없음 광고 길이 제약 없음 광고 위치 제약 없음	기존 매체 및 모바일 매 체 활용(스트리밍 장치 장착 또는 스트리밍 전 용 앱 다운로드) ● HDTV ● PC ● 노트북 ● 태블릿 ● 휴대전화기	
● 광고주 ● 광고대 행사	● 미디어랩 (Media Rep.) ● 애드(광고) 네트워크 (ADN)			

◀──────── 초고속 인터넷망 ────────▶

선형 시스템(linear system)의 스트리밍 서비스[선형 미디어(linear media) 체제]

기 위해 바닥에 놓는 장식을 겸한 상자 또는 정보·통신 컴퓨터나 전기통
신 기기의 각종 스위치를 한곳에 모아 제어할 수 있도록 한 조정용 장치
를 말한다.

HDTV와 PC를 통한 시청을 가능케 하는 스트리밍 장치, 스마트TV,
게임 콘솔의 세 가지를 '커넥티드TV(CTV)'라고 칭한다. 그것은 TV와 연
결해서 스트리밍 서비스로 콘텐츠를 볼 수 있는 기능을 한다는 의미에
서 비롯되었다. OTT를 이용할 때처럼 모바일, 태블릿, 무선 노트북, PC
에도 스트리밍 장치나 관련 FAST 채널 운용사의 전용 앱을 깔 수 있다면
이런 매체의 스크린에서도 FAST 채널을 시청할 수 있다.

FAST 채널 시청용 전용 앱은 FAST 채널 운용 업체의 사정과 판단에 따라 이미 개발해 출시한 곳도 있고, 그렇지 않은 곳도 있다. 2024년 1월 현재 삼성전자의 FAST 채널인 '삼성TV플러스'는 전용 앱을 출시해 모바일로 시청이 가능한 상태다. 그러나 LG전자의 FAST 채널인 'LG채널 3.0'은 사업성 등의 이유로 아직 출시하지 않았다.

둘째, 콘텐츠가 개방된 인터넷망을 통해 실시간으로 간섭이 없이 즉각 제공되는 선형 시스템이라는 구조를 지닌다. 사전에 편성된 콘텐츠를 이용자에게 시종일관 일방적으로 실시간 제공한다. FAST 업체는 전세계 콘텐츠 제작 주체로부터 매력적인 콘텐츠를 사들이고 광고주와 광고대행사, 미디어렙 등과 연계된 '애드 네트워크(ADN, Ad-network, advertisement network)'(광고 공급자와 매체를 연결해 주는 주체)를 통해 광고를 수주한 다음 커넥티드TV로 이용자에게 공급하는 단선형의 간편 체제다.

FAST는 이렇게 콘텐츠 공급과 고객 유입 채널(PoC, Port of Call)이 간소한 선형 매체로서 인터넷으로 계정이 연결되는 CTV만 있으면 유비쿼터스적으로 시청할 수 있다. 반면 OTT는 비선형 시스템(non-linear system)이며, 이용자가 절차에 따라 신청하지 않으면 콘텐츠는 처음부터 끝까지 재생되지 않는다. 주문형 서비스, 즉 필요한 시기에 사용자의 요청과 공급자의 승인에 따라 양방향으로 서비스되는 체제다.

셋째, 지상파, 케이블TV, 스카이라이프, IPTV, OTT와 달리 콘텐츠 공급과 이용의 제약이 없어 채널이나 콘텐츠 편성이 자유롭다. 콘텐츠 공급 방식이나 채널 구성이 매우 다양하다는 뜻이다. CTV라는 단말기의 운영체제를 통해 FAST 채널을 탑재해 플랫폼을 구성하기 때문이다. 현재까지 나타난 FAST 채널의 편성 방식은 크게 세 가지가 있다.

즉, 채널 하나에 하나의 콘텐츠를 구성하는 '단일 채널(single channel)', 하나의 채널에 여러 개의 다양한 콘텐츠를 편성하는 '혼합 채널(mixed channel)', 그리고 의류 직영 매장처럼 콘텐츠를 제작해 공급하는 업체가 직접 채널을 운영하는 '직영 채널(supplier channel)'이다.

단일 채널의 경우 이용자가 특정 콘텐츠에 대해 몰아보기를 할 수 있다는 점에서 '빈지 워칭 채널(binge watching channel)' 또는 '빈지 뷰잉(binge viewing) 채널'이라고 부른다(Snyder, 2016; Schweidel and Moe, 2016; Jenner, 2017). 한마디로 '콘텐츠 몰아보기 채널'이다.

빈지 워칭은 디지털 기술의 발전으로 가능해졌는데, 폭음·폭식이라는 뜻의 'binge'와 보기라는 뜻을 가진 'watching'의 합성 조어로 주말, 공휴일, 방학, 휴가 등을 이용해 시리즈나 TV 프로그램 전편을 몰아 시청하는 경향을 일컫는 용어다. 빈지 워치(binge watch)는 2017년 미국의 영어사전 『메리엄 웹스터(Merriam-Webster)』에 신규 단어로 등재되었다. '콘텐츠 몰아보기'로 간명하게 풀이할 수 있다.

요컨대 FAST 채널의 기술적 원리를 설명할 때 자주 등장하는 용어로는 인터넷 동영상 서비스(OTT), 광고 기반 주문형 비디오(AVOD, Advertising-based Video On Demand), 구독 기반 주문형 비디오(SVOD, Subscription Based Video On Demand), 커넥티드TV(connected TV), 빈지 워칭(binge-watching), 광고 회피(Ad avoidance), 코드 커팅(cord cutting), 코드 세이빙(cord shaving) 등이 있다.

OTT, AVOD와 SVOD는 1장에서 충분히 설명했기 때문에 여기에서는 나머지 용어의 구체적이고 정확한 의미만 살펴보기로 한다.

『스트리밍이 광고를 어떻게 변화시키는가(How Streaming is Changing Advertising)』(2022)의 저자인 매켄지 도싯(Mackenzie Dorsett)의 정의에 따르면 '커넥티드TV'는 스트리밍 방송 서비스를 지원할 목적으로 텔레비전에 연결해 사용하거나 텔레비전에 이미 내장된 장치를 뜻한다. '광고 회피'는 시청자가 콘텐츠를 이용할 때 광고 콘텐츠에 대한 노출을 줄이려는 행동을 말한다.

이어 '코드 커팅'은 시청자가 인터넷 서비스를 선호해 그쪽으로 옮겨가고자 케이블TV나 위성방송의 구독을 취소하는 행동을, '코드 세이빙'은 시청자가 케이블TV 구독을 유지하면서도 비용 절약을 위해 비교적 값이 비싼 채널, 패키지, 추가 기능을 취소하는 것을 각각 지칭한다. 마지막으로 '빈지 워칭'은 앞에서도 설명했듯이 시청자가 일정 기간에 TV 프로그램의 여러 에피소드를 연속해서 한자리에 편안하게 앉아서 몰아보는 시청 행태나 습관을 뜻한다.

온라인이나 AVOD 광고 노출 정책에 해당하는 용어도 이해해야 한다. '프리롤'은 시청자가 이용하려는 영상을 선택해 재생하기(roll) 전(pre)에 나오는 광고로 '프리롤 광고(pre-roll Ads)'라고도 부른다(Dorai-Raj and Zigmond, 2010; Wang and Bailey, 2023). '미드롤'은 이용하려고 선택한 비디오가 재생되는 가운데 나오는 중간 삽입 광고로, '미드롤 광고(mid-roll Ads)'라고도 칭한다. '포스트롤'은 이용하려고 선택한 비디오의 재생이 모두 끝난 후(시청을 다 마친 후) 나오는 광고로서 '포스트롤 광고(post-roll Ads)'라고도 부른다.

FAST 서비스와 같은 스트리밍 TV를 시청하는 데 필요한 장치는 동글과 스트리밍 장치가 있는데 이 용어도 의미를 명확히 알아야 한다. 동글은 무

표 2-5 | FAST 채널 서비스에 자주 등장하는 전문용어

- 커넥티드TV(CTV, Connected TV): 스트리밍 방송 서비스를 지원하기 위해 텔레비전에 연결해 쓰거나 내장된 장치. '시청 장치'라는 개념에서 확장되어 최근에는 스마트TV, 게임 콘솔, 스트리밍 앱 등 인터넷 연결 장치를 통해 시청자에게 전달되는 콘텐츠를 통칭한다.

그림 2-1 | 다양한 형태의 동글

자료: 아마존.

- 개인화된 콘텐츠(Personalized Content): 개인의 요구에 특별히 맞춘 콘텐츠를 이용할 수 있는 특성. FAST 채널에서는 이용자 개인의 관심 분야, 시청 습관, 선호도에 따라 맞춤 추천을 받은 콘텐츠를 선택해 스트리밍 서비스로 이용할 수 있다.

- 동글(Dongles): 무선 광대역 접속이나 방화벽이 있는 소프트웨어 사용을 허용하고자 컴퓨터의 USB 단자 등에 연결해 사용(FAST의 스트리밍 서비스 이용)할 수 있게 만든 외장형 소형 장치로 무선 어댑터 역할을 한다.

- 스트리밍 장치(Streaming Device): TV 또는 홈시어터(home theater)를 인터넷에 연결해 FAST와 같은 스트리밍 TV 서비스 공급자의 전용 앱을 통해 콘텐츠(비디오, 음악, 영화 및 스포츠)를 스트리밍할 수 있게 해주는 장치다.

- 광고 회피(Ad Avoidance): 콘텐츠를 이용할 때 광고 콘텐츠 노출을 줄이려는 미디어 사용자의 행동을 뜻한다.

- 코드 커팅(Cord Cutting): 시청자가 인터넷방송 서비스를 선호해 유료로 이용하던 기존의 케이블이나 위성방송 구독을 취소하는 행동을 뜻한다.

- 코드 세이빙(Cord Shaving): 시청자가 케이블TV 구독을 유지하면서도 비용 절약을 위해 비교적 값이 비싼 채널, 패키지, 추가 기능 등을 취소하는 것을 의미한다.

- 빈지 워칭(Binge-watching): 시청자가 여러 에피소드의 TV 프로그램 등을 일정 기간 동안 연속으로 한자리에서 편안하게 앉아 시청하는 행태나 습관. 흔히 말하는 몰아 보기를 뜻한다.

- 프리롤(Pre-roll): 시청자가 이용하려는 영상 콘텐츠(비디오)를 재생하기(roll) 전(pre)에 나오는 사전 광고로 '프리롤 광고(pre-roll Ads)'라고도 칭한다.

- 미드롤(Mid-roll): 시청자가 이용하려고 선택한 영상 콘텐츠(비디오)가 재생되는 가운데 나오는 중간 삽입 광고로서 '미드롤 광고(Mid-roll Ads)'라고도 칭한다.

- 포스트롤(Post-roll): 시청자가 이용하려고 선택한 영상 콘텐츠(비디오)의 재생이 끝난 후(시청 종료 후) 나오는 광고로서 '포스트롤 광고(Post-roll Ads)'라고도 칭한다.

- 월간 활성 이용자 수(MAU, Monthly Active Users): 인터넷 기반 서비스에서 한 달간 해당 서비스를 이용한 순수 이용자 수를 의미하는데, FAST 채널 서비스의 순위를 나타내는 이용자 활성화 지표로 활용된다. MAU는 측정하려는 참여 빈도의 정의, 분석 도구의 선택, 관련 자료 수집, 선택한 날짜와 그다음 달의 활성 이용자 기준을 충족하는 고유한 사용자 수 합산의 단계를 거쳐 산출한다.

- 미디어 라이브러리(Media libraries): 시청자가 필요에 따라 사용할 수 있는 다양한 콘텐츠를 여러 업체에서 공급받아 시청자에게 제공하는 플랫폼 또는 서비스. 광고 지원을 통해 콘텐츠 시청 전(프리롤 지점) 또는 도중(미드롤 지점)에 광고를 표시할 수도 있다.

그림 2-2 | 스트리밍 장치의 사례

로쿠 스트림바(Streambar)　　구글TV 크롬캐스트　　애플TV 4K

자료: Good Housekeeping UK.

- 재생 목록 채널(Playlist channels): 연중무휴의 스트리밍 형태로 개인화한 선별된 비디오 재생 목록을 제공하는 CTV의 채널. 고정된 일정이나 시간에 얽매이지 않고 주문형 콘텐츠를 이용할 수 있다. 보통 콘텐츠 시작 직후(지연된 프리롤 지점) 또는 재생 중에(미드롤 지점) 광고가 삽입된다.

- 표적화(Targeting): 광고주는 인구통계학적 정보, 관심 분야, 사용 패턴 등의 데이터를 활용해 잠재고객을 정확하게 지목해 소구 대상으로 삼는 것. 이를 통해 원하는 메시지를 원하는 대상에게 정확하게 전달함으로써 효과적인 광고 집행이 가능해진다. FAST 채널에서는 광고를 통해 도달 범위, 조회 가능성, '광고 시청완료율(VTR, view through rate)'(영상광고를 끝까지 시청한 시청자의 비율)과 '비디오완료율'(VCR, video completion rate)'(영상을 목표 지점이나 끝까지 시청하는 시청자의 비율), 광고 참여 및 전환 추적에 대한 자세한 정보를 얻을 수 있어 측정 가능성(measurability)과 효율성(effectiveness)을 높일 수 있다.

- 광범위한 도달 범위(Wide Reach): 점점 더 많은 사람이 스트리밍 서비스와 인터넷 지원 TV를 이용할 수 있는 접근 범위. 잠재고객 기반과 광고 기반 구축에 중요한 요소다.

- 내비게이션 바(Navigation Bar): FAST 채널(플랫폼)의 시청자가 테마나 장르별 아이콘을 클릭하여 해당 페이지에 바로 접속할 수 있도록 한 링크들의 리스트(List of Links).

- 연속 시청도(Bingeability): FAST 플랫폼들이 시청자의 콘텐츠 소비와 광고 노출의 상호작용을 확인·조정하여 경영과 광고 전략에 활용하고자 특정 콘텐츠의 모든 에피소드(시리즈 첫 회~최종 회)를 모두 시청 완료한 횟수의 계량화 지수.

- 광고 용인도(Ad Tolerance): 시청자가 광고 노출 후에도 계속 시청하려는 의지를 측정해 '광고 허용 기준' 산정에 활용하고자 계량화한 지수. 시청자가 습관적으로 많이 보는 장르·테마 여부, 연령 등 인구학적 요소에 따라 달라진다. FAST는 광고 시청을 전제로 한 무료 서비스로 이용자가 미리 인식하고 있기에 광고 용인도가 유료 서비스보다 높다.

---

* 자료: Dorsett(2022), Dorai-Raj and Zigmond(2010), Wang and Bailey(2023), Hesmondhalgh and Lobato(2019), Horowitz and Hardy(2022), Fitriaty(2019) 등의 의미 규정을 참조해 필자가 재정의했다.

선 광대역 접속이나 방화벽이 있는 소프트웨어 사용을 허용하고자 컴퓨터의 USB 단자 등에 연결해 사용(FAST의 스트리밍 서비스 이용)할 수 있게 만든 외장형 소형 장치로서 무선 어댑터 역할을 한다(Hesmondhalgh and Lobato, 2019). TV 서비스용으로 사용할 경우 'TV 동글'이라 칭한다.

'스트리밍 장치'는 TV나 홈시어터에 인터넷을 연결해 FAST와 같은 스트리밍 TV 서비스 공급자의 전용 앱으로 콘텐츠(비디오, 음악, 영화 및 스포츠)를 스트리밍할 수 있게 해주는 장치를 뜻한다(Horowitz and Hardy, 2022). 'MAU(Monthly Active Users)'는 인터넷 기반 서비스에서 한 달간 해당 서비스를 이용한 순수한 이용자 수(Fitriaty, 2019)를 말하는데, FAST 채널 서비스의 활성화 지표로 많이 활용된다.

기존 방송을 대체할
'이용자 친화형 서비스'인가

1 기존 IPTV, OTT, 유튜브와 어떻게 다른가?

● 인터넷 멀티미디어 방송(IPTV)

FAST는 최고 수준의 가성비와 이용 편의성을 갖췄기에 이용자에게 매우 유익한 방송 서비스라고 평가할 수 있다. 유료방송인 IPTV와 비교하면 콘텐츠를 단건 또는 정기적으로 이용하는 비용이 필요 없고 채널과 콘텐츠 접근이 쉽다. FAST는 스마트TV 수상기, 스트리밍 장치를 탑재한 컴퓨터, 전용 앱을 내려받은 휴대전화의 화면을 켜기만 하면 누구나 접근할 수 있다. 그 안에 채널이 설정되어 있어 클릭하고 들어가 시청하면 된다. 시청하고자 하는 콘텐츠에 광고가 딸려 있기에 콘텐츠 시청 대가로 광고를 여러 편 봐주면 무료로 콘텐츠를 이용할 수 있는 방식이다.

IPTV(Internet Protocol Television)는 흔히 인터넷망을 통한 양방향 텔레비전 서비스라 풀이되지만 법적 명칭이자 통용되는 명칭은 '인터넷 멀티미디어 방송'이다. 광대역통합정보통신망이라 불리는 인터넷망을 통해 쌍방향성을 가진 프로토콜(컴퓨터 사이에서 데이터의 교환 방식을 정의하는 규칙 체계)로 데이터 신호를 전송·수신하며 실시간 방송 프로그램을 제공하는 텔레비전 서비스다. 간단히 인터넷망을 통한 양방향 텔레비전 서비스라 할 수 있다. '실시간 방송 프로그램'은 사업자가 원래의 프로그램 내용과 편성에 변경을 가하지 않고 동시에 제공하는 것을 말한다.

일반적인 방송사 TV, 케이블TV, 위성방송과 달리 전송제어 프로토콜(TCP)과 인터넷 프로토콜(IP) 네트워크를 통해 라이브 TV 프로그램 또는 주문형 비디오 콘텐츠를 제공한다(Hanna and Scarpati, 2021.8). 따라서 통신사(KT, LG유플러스, SK브로드밴드)에 유료 TV 회원으로 가입해 셋톱박스를 설치한 다음 일반 실시간 방송뿐만 아니라 VOD 및 인터넷 서비스를 이용할 수 있다. IPTV는 멀티캐스트를 사용하기 때문에 아무리 시청자가 늘어나도 서버에는 부담이 없다. 이 서버에서는 데이터를 특정 그룹에 방송하는 방식으로 전송하기만 하면 된다.

IPTV는 OTT처럼 일반 컴퓨터에 접속해서는 이 방송을 볼 수 없고, 우리나라에서는 가입한 통신사가 안내하는 특정한 셋톱박스가 부착된 TV 수상기를 활용해야 한다. IPTV는 사업자마다 이용료 부과 체계가 조금씩 다르며 회원 가입 시 부가가치세, 셋톱박스 또는 출장비 등의 추가 비용이 발생한다. 셋톱박스만 해도 전기 소비량이 많은 것부터 적은 것까지, 사용할 때 발열(發熱)이 많은 상품부터 발열이 미미한 상품, 모양도 박스형에서 타원형까지 종류가 다양하다.

IPTV는 월정액 상품에서 제공되는 채널 외에 별도로 이용료를 내고 단건으로 구매해 볼 수 있는 VOD 콘텐츠가 다양한데, 영화의 경우 신작이 1만 2000원~1만 원이다. 개봉 시기가 오래된 영화일수록 가격이 3000~1000원 대로 낮아지는 예도 있고, 무료인 것도 매우 많다. 일반적으로 IPTV에 가입한 통신사에서 운용하는 휴대전화나 초고속인터넷 등을 결합상품(bundle product)으로 함께 이용할 경우 가격 할인이 된다. 나아가 가족들이 모두 IPTV를 시청하는 같은 통신사의 휴대전화를 사용할 경우 이런 혜택은 더욱 많아진다.

우리나라 IPTV 사업을 규율하는 '인터넷 멀티미디어 방송사업법'(약칭 '인터넷방송법')은 '인터넷 멀티미디어 방송(IPTV)'을 광대역통합정보통신망 등[1]을 이용한 양방향성을 지닌 인터넷 프로토콜 방식이며, 일정한 서비스 품질이 보장되는 가운데 텔레비전 수상기 등을 통해 이용자에게 실시간 방송 프로그램을 포함한 데이터·영상·음성·음향 및 전자상거래와 같은 콘텐츠를 복합 제공하는 방송이라 규정한다.

● 온라인 동영상 서비스(OTT)

FAST는 온라인 동영상 서비스(OTT, Over the Top)와 이용자 접근성, 시청 편의성에서는 유사하지만, 콘텐츠 이용료가 전혀 없다는 점에서 차이가 난다. 따라서 FAST는 기존 유료방송은 물론 OTT의 대안으로 탄생한 플랫폼이라 할 수 있다. OTT의 편리함은 계승하고 불편했던 '과금'은 과감히 없애 이용자를 유인하는 사업 모델이다. 구독료에 의존해야 하는 OTT 업체와 달리 FAST 채널 사업자는 이용자가 어느 정도 확보된 상태에서 이용자가 늘수록 광고 수입도 비례해 광고 수입만으로도 운영이 가능하다.

구체적으로 OTT 서비스는 'IPTV의 인터넷 버전', IPTV에서 파생된 모바일(Mobile) IPTV라고 평가할 수 있다. IPTV와 영상을 포함하는 데이터 전송기술 면에서는 같은 종류의 인터넷 프로토콜(Internet Protocol)을 사용하기 때문이다. 다만 컴퓨터나 모바일에서 구현할 수 있다는 점이 TV 수상기로 구현해야 하는 IPTV와 다르다.

IPTV를 보려면 일반적으로 기본 채널 상품보다 더 다양한 채널로 편

---

1 자가 소유 또는 임차 여부를 불문하고, '전파법' 제10조 제1항 제1호에 따라 기간통신사업을 영위하기 위해 할당받은 주파수를 이용하는 서비스에 사용되는 전기통신 회선 설비는 제외한다.

성된 상품을 선택 가입해야 하는 데 비해, OTT는 월정액 또는 연간 구독료를 내면 된다. 물론 IPTV가 편성된 채널과는 별도로 VOD 콘텐츠를 단건으로 판매하듯이, OTT에서도 이용자들이 단건의 개별 콘텐츠를 유료로 사는 경우가 많다.

OTT의 유형은 이용자 입장에서는 이용료(구독료)의 유무에 따라 크게 '무료 OTT'와 '유료 OTT'로 나눌 수 있다. 하지만 사업자의 관점에서는 수익모델에 따라 보다 복잡하게 접근해 '집적(aggregation) OTT', '중개 (intermediation) OTT', '중개-집적 OTT', '멀티스크린(multi-screen) OTT', '아울렛(outlet) OTT', '아울렛-실시간 OTT'로 구분하기도 한다(김수원·김대원, 2019). 이 외에도 다양한 분류 방식이 적용될 수 있다.

첫째, '집적 OTT'는 다양한 콘텐츠 제공자로부터 콘텐츠를 수급해 편집·제공하는 정기구독형 서비스다. OTT의 대표주자가 된 넷플릭스, 아마존의 프라임 비디오, 일본 NTT도코모의 dTV가 그 사례다. '집적(集積)'이라는 어휘를 사용한 것은 구독료에 상응하는 수준의 서비스를 위해 양과 질을 동시에 충족하는 콘텐츠를 모아서 축적하고 있어야 한다는 의미다.

둘째, '중개 OTT'는 개인 이용자와 사업자가 자발적인 공유 의사에 따라 제공한 콘텐츠를 누구나 널리 이용하도록 통제를 최소화하면서 중개하는 모델이다. 기본적으로 '공용 놀이터'와 같은 소통 가치를 제공하는데, 채널 시청을 통해 얻게 되는 광고 수익의 일정 비율을 콘텐츠 제공자에게 분배해 콘텐츠의 질과 양을 높이는 데 재투자하도록 유도한다. 유튜브, 페이스북 왓치(Facebook Watch), 트위치(Twitch), 프랑스 미디어 그룹 비방디(Vivendi) 소유의 데일리모션(DailyMotion)이 대표적인 사례다.

셋째, '중개-집적 OTT'는 서비스 제공자가 일정 수준의 콘텐츠 배열·통제권을 갖고 광고 병행을 통해 수익을 취하는 모델이다. 서비스 제공자는 이용자가 공유하는 콘텐츠보다 콘텐츠 제작자가 만든 전문적이고 고급화된 콘텐츠를 더 많이 제공한다. 보통은 광고 기반 무료 서비스이지만, 월정 구독료를 받는 프리미엄 멤버십 서비스도 있다. 대표적인 사례는 중국 알리바바(Alibaba)의 요우쿠(Youku), 바이두(Baidu)의 아이치이(iQiYi), 텐센트(Tencent)의 텐센트 비디오(Tencent Video)다.

넷째, '멀티스크린 OTT'는 인터넷망을 통해 유료로 실시간 방송과 방송 프로그램, 영화 VOD를 서비스하는 모델이다. 주로 유료방송 사업자들이 보완적인 서비스로 운용하기에 콘텐츠는 기존 유료방송이 제공하는 것과 거의 같다. 하지만 근래에는 독립형 멀티스크린 OTT도 생겨나고 있다. 기존의 스크린(유료방송)에 방송하는 것을 또 다른 스크린(인터넷)으로도 제공하기에 '멀티스크린'이라는 어휘를 사용한다. 미국의 위성방송 디시 네트워크(Dish Network)가 운영하는 슬링TV(SlingTV), 영국 최대 유료방송 사업자 스카이(BSkyB)가 독립형 OTT로 선보인 나우TV가 대표적이다.

다섯째, '아울렛 OTT'는 풍부한 콘텐츠 아카이브(archive)를 구축한 콘텐츠 제작자·공급자가 인터넷 방송망 기반으로 소유권이 있는 자사의 콘텐츠를 직접 판매하기 위해 단독 또는 연합으로 설립·운용하는 모델이다. 한마디로 '콘텐츠 부자'인 규모가 큰 방송사가 세운 인터넷 기반 콘텐츠 직판 유통 매장이다. 미국의 거대 미디어 기업 디즈니와 컴캐스트가 합작 운영하는 훌루, HBO의 HBO나우(HBO Now)가 대표적인 사례다.

여섯째, '아울렛-실시간 OTT'는 방송 프로그램을 직접 제작·구매해 광고와 함께 실시간으로 편성하고 인터넷망으로 서비스하며 수익을 취하는 모델이다. 전통적인 실시간 방송을 인터넷으로 옮겨 놓은 듯한 모습이다. 실시간 방송은 광고를 보기 때문에 무료지만 '다시 보기'는 유료다. 일본의 인터넷방송 기술업체인 사이버에이전트(CyberAgent)와 TV아사히(TV Asahi) 및 덴츠(Dentsu) 등이 공동으로 설립한 아베마TV(Abema TV)가 대표적인 사례다.

● 유튜브

FAST는 유튜브(YouTube)와 달리 큰 범주의 플랫폼에 입주한 세부 채널별로 콘텐츠 서비스를 운용하기 때문에 콘텐츠의 선별 또는 취사선택이 쉽다. 유튜브의 경우 너무나 방대한 콘텐츠가 유통되고 있어 이용자들이 비교적 짧은 시간에 원하는 콘텐츠를 찾아서 이용하는 게 쉽지 않다. 유튜브는 한 편으로 완성된 콘텐츠가 적고 편집물이나 짧은 영상물이 많다는 단점이 있지만, FAST는 대체로 완성된 콘텐츠들이 각 채널에서 공급된다. 아울러 유튜브처럼 '일반 채널'과 '프리미엄 채널'로 구분하지 않기 때문에 무조건 일정한 분량의 광고만 봐주면 콘텐츠를 무료로 시청할 수 있다는 장점이 있다.

유튜브는 이용자가 동영상을 자유롭게 만들어 올리거나 시청할 수 있는 구글의 콘텐츠 호스팅 웹사이트이자 비디오 플랫폼이다. 100개국 이상에서 영어, 한국어, 중국어, 일본어 등 80개 언어로 서비스되는데, 2023년 기준, 세계 최대 규모의 가입자를 자랑하는 플랫폼이다. 이용자는 구글 계정으로 유튜브에 가입 및 시청할 수 있다.

운용 방식도 매우 자유롭고 유연하다. 구글 계정 하나만으로도 채널 추가가 무한대로 가능하기에 한 명의 유명 유튜버가 여러 개의 채널을 운영하는 경우가 많다. 반대로 하나의 채널을 가지고 여러 명의 채널 소유자를 추가해서 하나의 채널을 여러 명이 운영하는 예도 있다.

구체적으로 광고 시청의 대가로 이용이 가능한 '일반 채널'과 광고를 시청할 의무가 없는 '유튜브 프리미엄' 채널로 구분한다. 2023년 11월 23일 '글로벌 미디어 인사이트(Global Media Insight)'에 따르면 전 세계 인구의 25% 이상이 매달 유튜브를 사용한다(GMI, 2023). 2023년 기준 월간 활성 이용자 수가 27억 명이 넘고, 유튜브 프리미엄과 유튜브 뮤직을 합해 세계 8000만 명 이상이 구독하고 있다. '유튜브TV'의 가입자 수는 730만 명이다.

유튜브는 일반 채널의 경우 이용자가 편집하거나 창작한 콘텐츠를 탑재할 수 있으며, 사업자로 등록하면 유튜브 네트워크를 통해 각종 게시물을 올리거나 생방송으로 구독자와 동시 시청자를 늘리며 사업할 수 있다. 특히 유튜브 파트너 프로그램(YPP, YouTube Partner Program)에 참여하는 크리에이터는 유튜브의 자원들과 수익 창출 기능을 더 폭넓게 사용할 수 있다. 크리에이터 지원팀의 도움을 받거나 콘텐츠에 게재된 광고의 수익 공유를 설정하는 것도 가능하다.

2 경로 의존 떨쳐낼 보완재일까, 대체재일까?

경제 원리를 적용해 살펴보면 이용자들은 새로운 방송 서비스나 방송 플랫폼을 접할 경우, 그 효용이 커서 만족도가 높은 동시에 부담해야 하는 비용이 상대적으로 적거나 절약될 때, 또 성능이나 체제가 새롭거나 차별화될 때 그것을 선택한다. 특히 새로운 방송 서비스나 방송 플랫폼이라면 가성비(price-performance)가 뛰어나야 한다.

그래야 기존의 이용 습관, 심리, 환경에 익숙해져 그것에 고착된 '경로 의존성(經路依存性, path dependence)'을 과감하게 탈피해 새로운 것에 대한 실험과 도전 그리고 선택을 함으로써 기존에 이용하던 방송 서비스나 방송 플랫폼을 배제하고 이를 대체하는 효과를 거두는 것이다. 경로 의존성은 사람마다 의외로 강력하기에 벗어나기가 쉽지 않다. 집안의 특정한 곳에 특정 생필품을 두지 않으면 찾지 못해 짜증을 내고, 이사를 하더라도 평생 5km 반경을 넘지 못한다는 말이 있을 정도로 개인의 무의식을 지배한다.

이것은 혁신의 원리와도 견줘볼 필요가 있다. 에버렛 로저스(Rogers, 1962; 2003)는 어떤 혁신이 퍼지려면 신기술, 상품, 서비스가 상대적 이점(이전의 것보다 기능이 우위이다), 호환성, 복잡성, 시험 가능성(혁신이 잠재적 채택자에 의해 시험될 수 있는 것), 관찰 가능성(혁신 채택의 결과가 가시적으로 타인에게 보이는 것)을 지녀야 하며, 그 가운데 상대적 기능 우위와 호환성이 가장 중요한 요소라고 진단했다[이를 '혁신확산이론(Innovation Diffusion Theory)'이라 칭한다].

'대체재(代替財, substitute good)'는 안드로이드폰과 아이폰, 폴더폰과 평면 휴대전화기, 나초와 썬칩, 햄버거와 샌드위치, 콜라와 사이다, 연필과 샤프펜슬, 쌀과 밀가루의 관계처럼 제공하는 효용이나 가치가 유사해 이용자 처지에서 서로 대신 쓸 수 있는 관계에 있는 두 가지의 재화를 말한다(Milgrom and Strulovici, 2009). 두 재화나 상품, 그리고 서비스 간의 대체 가능성의 정도는 시장 간의 경쟁 수준, 대체물의 가용성, 보유자 또는 이용자의 전환 의향성과 같은 여러 요인에 따라 달리 평가된다.

미디어 발달사의 경우 전화와 컴퓨터는 사용 시간에 따라 보완적이지만, 실시간 TV를 보는 용도에서 텔레비전 수상기와 컴퓨터, 이미지나 동영상을 보고 활용하는 용도에서 카메라와 비디오 녹화 장치, 기사를 읽는 용도에서 종이(신문)와 컴퓨터, 정보 검색과 활용의 쓰임새에서 컴퓨터와 휴대전화가 각각 대체재 관계일 수 있다(Jang and Park, 2016). 일반적으로 '구독'이나 미디어 장치의 '소유'를 통제하면 대체성과 보완성의 규모가 더 커진다.

대체재를 한층 뛰어넘는 수준의 재화인 '완전대체재(完全代替財, perfect substitution)'는 소비자가 어떤 선택 상황에서든 오직 하나의 개별 대안 선택을 선호하는 경우에 해당한다(Hanemann, 1984). 어떠한 소비 수준에서든지 일정한 비율로 다른 상품이나 서비스를 대신 소비해도 소비자의 만족도가 차이가 나지 않거나 달라지지 않는 관계를 말한다.

아울러 '불완전 대체재(不完全代替財, imperfect substitution)'는 두 상품이나 서비스가 약간의 가치 손실 없이는 교환적으로 사용될 수 없는 것을 말한다. 흔히 금과 은의 관계와 같다. 개인의 여가 활용에서도 사회적 활동, 집 밖의 레크리에이션, 야외 쇼핑 활동은 행위자의 다양한 기능

적 요구를 충족한다는 점에서 서로 불완전 대체재 성격의 활동이다(Bhat et al., 2006)

서로 간에 대체재가 되지 못한다면 서로 밀접하게 보충하는 관계인 '보완재(補完財, complementary good)'에 머물 수밖에 없을 것이다. 보완 관계는 두 가지 모두를 소비할 필요성을 이용자에게 넌지시 암시하기에 비용 부담이 따른다. 방송의 이용 행태에서 새롭게 등장한 뉴미디어는 기존 미디어를 보완할 수 있는 기능을 갖춘 경우라면 보완관계가 형성되고, 새로운 미디어의 기능이 기존 미디어와 비슷하지만, 우위를 점할 때는 대체관계가 형성된다(Chan-Olmsted and Shay, 2016).

FAST는 적어도 북미에서만큼은 기존 방송 시장을 크게 흔들어놓고 있으며, 점차 글로벌 미디어 생태계를 뒤바꿔 놓을 태세다. 미국의 광대역 및 비디오 스트리밍 솔루션 업체 하모닉(Harmonic)은 2023년 10월 30일 "미국에서는 FAST가 전통적인 미디어 소비와 광고 패러다임을 크게 파괴해 2023년에만 1330만 명의 신규 이용자를 추가하고 연말까지 총 1억 5710만 명을 기록할 것"이라고 전망했다(Nicholson, 2023). 2023년 조사에서 미국 가구의 3분의 1(33%)이 유료방송을 해지하고 FAST 서비스를 이용하는 것으로 나타나 보완재를 넘어 대체재로 진화 중인 모습이다.

우리나라에서도 속도만 조금 더딜 뿐 점차 그런 모습이 나타날 것으로 보인다. FAST는 기본적으로 '이용자 친화적인' 서비스이다. 따라서 FAST라는 서비스가 새롭게 등장했다는 사실이 지금보다 널리 알려지고, 무료로 제공되는 콘텐츠가 OTT, 케이블TV, IPTV 등 기존의 서비스보다 새롭고 풍부해지며, 그로 인한 이용자의 유익함과 편리함이 체감되거나 입증되면 시청 붐이 일어날 수도 있다.

아울러 대기업의 가세는 이런 전망에 힘을 실어준다. 공정거래위원회가 기업 집단의 공정 자산을 기준으로 2023년 4월 25일 발표한 재계 서열을 기준으로 1위의 대기업인 삼성전자와 4위인 LG그룹의 LG전자가 각각 거대한 스마트TV 구매자 네트워크를 무기로 일찌감치 FAST 사업에 뛰어든 데다 FAST 사업에 박차를 가하는 기업이 늘고 있기 때문이다. 2024년 1월 23일 MBC가 FAST 채널에 콘텐츠 공급 계획을 밝히는 등 기존 방송사들도 세계 시장과 국내 시장의 동향을 살피고 내부적으로 FAST의 사업성을 타진하며 상황별 대응책을 마련하고 있다.

특히 가전업체들은 갈수록 스마트TV 매출이 줄어들고 있어 신사업인 FAST로 활로를 개척해야 할 처지에 있다. 일례로 LG전자 HE(홈엔터테인먼트) 사업부는 2023년도 4분기 고가 제품인 유기발광다이오드(OLED) TV 출하량이 감소하면서 2022년 4분기(1080억 원)와 유사한 1050억 원의 영업 손실을 볼 것이라고 전망되었다(이인준, 2023). HE사업부는 FAST 사업을 동시에 추진 중인 조직이다. 이 전망은 시장조사업체 트렌드포스가 OLED TV 출하량이 2022년 674만 대 대비 19% 포인트 감소한 544만 대에 그칠 것으로 2023년 연초에 예상한 이후 나온 증권사들의 실적 예상치다.

이에 따라 지금부터는 FAST와 지상파 방송, 유료방송, OTT와의 관계를 이용자의 수혜와 사업자 간 경쟁 관계 등의 측면에서 각각 살펴보며, FAST가 기존의 방송 서비스의 보완재가 될 수 있을지, 보완재를 넘어 대체재로 입지를 키울 수 있을지 살펴보기로 한다.

3 제도권 '지상파 방송'과의 경쟁 관계는?

FAST 채널은 정부의 인허가 및 심의 제도의 통제를 받는 지상파 방송과 광고 시청 기반의 '무료 공급' 서비스라는 점에서 공통점이 많다. 이용자들에게는 이러한 무료 이용이 가장 큰 매력이지만, 현실적 여건을 고려하면 아직 지상파 방송과 대체재 관계를 형성할 것이라고 보는 전문가는 많지 않다. 다만 CP엔터테인먼트를 설립해 자체 제작 콘텐츠를 만들며 쇼핑 고객과 매출 확대의 유인책으로 삼은 '쿠팡'처럼 방송 콘텐츠 유통에 큰 자극을 주면서 일대 변화를 일으킬 것으로 보는 데는 전문가들도 대체로 이의를 달지 않는다.

물론 FAST 채널이 자체적인 기획·투자·제작 역량까지 충분히 갖추고, 지상파 방송이나 넷플릭스를 뛰어넘는 충분한 투자 재원의 바탕 위로 킬러 콘텐츠를 지속해서 생산해 공급한다면 얘기가 달라질 수 있다. 하지만 방송은 대규모의 자본과 노력, 시간이 흘러야 정착되면서 경쟁력을 갖출 수 있으므로 이런 조건부 가설은 당장은 현실적이지 못하다. 현재까지 FAST 사업에 대해 시장의 중심이 되겠다면서 과감한 투자 의지를 공개적으로 천명한 사업체는 'LG채널'을 운영하는 LG전자뿐이기 때문이다.

FAST 채널이 현재의 지상파 방송과 같은 역량을 갖추기 위해서는 운영 주체가 자본력이 충분해야 하고, 경영 분야 의사결정권자의 과감한 청사진 수립과 투자 결단이 있어야 한다. FAST 채널로 승부를 겨루겠다는 결단이 없다면 불가능하다. 아울러 FAST 채널은 광고 수익이 경영의 주요 재원이기 때문에 FAST 채널을 성장시킬 만한 비약적인 광고 수주 역량을 갖춰야 하는 난관이 있다. 방송 서비스 시장에서 지속해서 성장해 유력한 플랫폼으로 인정받기까지 그 기간의 손실도 감당해야 한다.

즉, 지상파 방송과의 관계에서 현재 예측 가능한 FAST 채널의 모습은 먼 미래에 달라질 수는 있겠지만, 당분간은 보완재 역할이 합당하다. 현재까지의 FAST 채널 경향을 살펴보면 지상파 방송사, 케이블TV 채널, 영화사, 드라마 제작사, 음원 기획사 등 다양한 경로에서 콘텐츠를 공급받아 이용자들의 선택성을 높이는 콘텐츠 허브를 지향하는 것으로 보인다. 물론 방송 시청 추세의 급변으로 지상파 방송사의 경영이 더욱더 어려워지고 반대로 FAST 채널들이 호황을 누리게 될 경우 FAST가 지상파의 장점(풍부하고 '오리지널'이라 칭하는 다양한 창작 원본 콘텐츠 제공)을 반영해 방송 시장에서 그 대체성을 강화할 것으로 예상한다.

반대로 지상파 방송사는 FAST 채널들의 성장세가 주시 단계가 아닌 위협 단계가 되면 급히 전략 수정을 할 것으로 보인다. FAST 채널의 장점을 강화하고 인터넷에 새로운 FAST 채널을 구축해 수익원을 늘릴 것이다. 특히 FAST 채널 사업에 뛰어든 삼성전자와 LG전자가 자본력을 무기로 중대 결단을 하면 우리나라 방송 시장에 지각변동이 일어날 수 있으므로 더 크게 변신할 것이다. 그러나 아직은 대부분 그 여파를 예지하지 못한 채 '설마 그럴까?'의 태도로 관망하는 모습이다.

삼성전자와 LG전자가 마음만 먹으면 사실 현재의 지상파 방송사들보다 더욱 큰 그림을 그릴 수 있다. 대기업이 지상파 방송에 진출하는 것은 현행법으로 금지되지만, 지상파 방송과 FAST는 채널전송 방식과 편성 방식만 다를 뿐 사업 구조가 유사하므로 FAST 채널 사업만으로도 이를 우회해서 실현할 수 있다. 현재의 모습에서 풍성한 창작 콘텐츠를 기획·제작만 하면 지상파 방송과 같은 위상도 확보 가능하다.

나아가 FAST 채널을 각국으로 확장해 글로벌 네트워크를 구축하면 더욱 거대한 미디어 그룹으로 탈바꿈할 수 있기에 처지는 금방 역전될 것이다. 지상파 방송은 거의 모든 국가에서 '문화 주권 보호'라는 명분으로 허가제를 채택해 사실상 외국 방송사의 진출을 제한하는 경우가 많다.

그런데 FAST 채널은 이 높은 장벽을 뛰어넘을 수 있다. 국가별로 규제가 없거나 미약한 '통신 부가 서비스'이기 때문에 이미 삼성전자와 LG전자는 미국, 영국 등 국가별로 FAST 채널을 론칭해 운용 중이다. 이런 상황을 미뤄볼 때 필자의 가정은 훗날 현실이 될 가능성이 적지 않다.

4 제도권 '유료방송'과의 경쟁 관계는?

"우리는 이용자들이 기존의 유료방송에서 제공하는 리모컨을 버리고 스마트TV를 팔 때 우리가 디자인해 제공한 FAST 채널 고유의 리모컨만을 사용하도록 하는 게 목표입니다. 우리는 유료방송을 이기는 게 목표입니다. 언젠가, 머지않아 그렇게 될 것입니다. 우리는 확신합니다."

한 FAST 채널 업체 관계자가 필자에게 솔직하게 털어놓은 말이다. 어떤 리모컨이 밀어내고 어떤 리모컨이 밀릴 것인가. 그의 말처럼 이미 안방에서는 '리모컨 전쟁'이 시작됐다. FAST 채널은 지금의 성장세로 볼 때 기존의 유료방송 서비스인 케이블TV, 스카이라이프(디지털 위성방송),

통신사의 IPTV와 경쟁하면서 치열한 리모컨 전쟁을 치를 듯하다.

더욱이 FAST 채널이 충분한 콘텐츠를 확보해 공급할 경우 유료방송과의 경쟁 관계를 넘어 그것의 '대체재'가 될 가능성이 충분하다. 유료방송 업계가 FAST 채널의 최근 성장세를 예의 주시하며 정부를 상대로 정책 마련과 규제를 요구하는 움직임을 보이는 것도 FAST를 '잠재적인 위협' 대상으로 인식하기 때문이다.

유료방송의 경우 디지털 기술의 혁신적 진보로 스마트TV 수상기를 제조하는 업체가 오늘날 FAST 채널처럼 다양한 콘텐츠를 공급하는 방송 플랫폼을 구축할 것이라고 미처 예측하지 못했을 것이다. 사실 얘기를 들어보면 스마트TV 수상기 제조업체 또한 FAST 채널이 새로운 돈벌이가 되고 FAST 사업을 할 것이라 과거에는 스스로 깨닫지 못했다.

현재 LG전자, 삼성전자와 같은 가전업체가 생산한 스마트TV 보급률은 유료방송 가입자 수를 일찌감치 크게 압도한다. 삼성전자의 스마트TV만 해도 국내를 포함 연간 4000~4500만 대가 팔리고 있다. 국내 시장은 연간 200만 대다. 따라서 스마트TV 누적 판매 대수를 기반으로 하는 가전업체의 FAST 이용자만 고려해도 유료방송은 지금 안심해서는 안 될 상황이다. LG전자를 제외한 가전업체가 현재까지는 TV 구매자에 대한 '고객 경험 확대'라는 부가 서비스 개념 위주로 사업을 추진하고 있어 전선이 달궈지지 않았을 뿐이다.

유료방송의 경우 자체 제작 콘텐츠가 예전에 비해 크게 늘었고, 티빙 등 OTT와 같은 다양한 플랫폼을 부수적으로 가동하며 가입자 붙들기에 나섰다. KT 등 통신사의 경우 새로운 채널(PP)을 론칭해 콘텐츠 공급 역량을 강화한 곳도 존재한다. 그러나 전체적으로 유료방송 채널은 여전히 새로운 콘텐츠가 적고, 인터넷을 기반으로 한 OTT의 경우 넷플릭스처럼 킬러 콘텐츠의 공급이 이용자가 원하는만큼 충분히 이뤄지지 못하고 있다. 유료방송이 쇠퇴 중인 이유는 유료방송 업체가 늘어나고 있는데도 이용료를 올린 탓 또한 있지만, 가치 대비의 가격 비율이 절하된 것이 더 중요한 요인으로 꼽힌다(Arthofer et al., 2016).

광고 시장이 기존 방송 시장에서 인터넷 등 신생 디지털 미디어로 점차 이동하는 것도 악재다. FAST 채널이 유료방송의 이러한 맹점을 파고들고 있는 모습이다. 따라서 FAST 채널이 앞으로 새롭고 다채로우며 매력적인 콘텐츠를 더욱 충분히 구축하고 탑재해 이용자를 흡인한다면 유료방송을 대체할 수 있을 것이다. 고객은 항상 효용(사용하는 가치와 만족도)이 큰 쪽으로 움직인다. 국내 유료방송에는 북미 방송 시장에서 유료방송 외면과 이탈의 상징어인 '코드 커터'(유료방송 이용을 해지하기 위해 전송선을 자르는 사람)라는 말이 등장했다는 사실 자체가 큰 위협의 전조일 수 있다.

5 '구독 신드롬' 일으킨 OTT와의 경쟁 관계는?

FAST 채널은 OTT 채널과 콘텐츠 플랫폼 시장에서 일전을 치르듯 치열한 경쟁을 펼칠 것으로 예상한다. 양자의 도전과 응전, 엎치락뒤치락하는 시장 경쟁을 고려할 때 한동안은 서로에게 '보완재'가 될 가능성이 크다. FAST 채널과 OTT 채널은 초고속 인터넷 서비스로서 쌍방향 스트리밍 체제인데 과금 여부가 다르다. 유료냐 무료냐는 소비자의 선택을 좌우하는 핵심 요소다.

정보통신정책연구원(KISDI)은 2023년 9월 8일 발간한 보고서에서 "우리나라는 유료방송 요금이 저렴하고 구독형 OTT가 성숙 단계에 이르렀다"라고 진단하면서 "현재 전망으로는 구독형 OTT가 방송영상 미디어 시장의 게임 체인저였다면, FAST는 단독 서비스보다 구독형 OTT 서비스는 물론 유료방송 서비스와 결합되어 다양한 결합상품을 선보이는 '보완적 관계'로 포지셔닝하며 성장할 가능성이 높다"라는 의견을 내놓았다(이종원, 2023).

OTT 채널은 KISDI의 진단처럼 최근 5년 이상 집중적인 관심과 유행을 이끌면서 이미 세계인의 사랑을 받은 '트렌디 플랫폼(trendy platform)'으로 부상했기에 콘텐츠 구축과 서비스가 안정되어 있다. 2011년부터 2020년까지 라틴아메리카 17개국을 대상으로 연구한 결과, 이 기간에는 OTT가 유료 TV를 완전 대체할 수는 없지만, 부분적으로 최근(2015~2020)에는 대체성이 확인되었다(Jung and Melguizo, 2023). 빠른 인터넷의 확장, 더욱 풍부한 OTT 서비스, 그리고 상대적으로 저렴한 가격으로 나타난 이른바 '코드 커팅(cord cutting)과 '코드 세이빙(cord saving)' 현상이 그 증거라고 한다.

다만 이용자들은 하나의 OTT 채널로는 만족할 수 없어 여러 개의 OTT 채널을 구독하게 되는데, 이용료가 만만치 않다는 것이 문제다. 이용자들은 이 항목의 가계 부담에 민감해지기 시작했다. 북미 시장에서는 우리나라보다 더욱 그러했다. 이렇듯 이용료가 월정액 방식이고, 비용의 규모도 여러 개를 구독하는 이용자로서는 부담스러운 수준인 것이

OTT의 단점이다.

OTT의 이러한 단점을 파고든 것이 FAST 채널이다. 한마디로 '유료인 OTT'에서 유료만 빼고 '무료인 OTT'로 재설정한 것이다. 이용자가 광고만 보면 무료로 콘텐츠를 시청할 수 있기에 이용자들에게 비교우위와 상대적인 효용이 크다. 쉽게 말해 '쩌는 가성비(stunning cost-effectiveness)'를 지닌 신생 매체이자 방송 서비스였다. 따라서 개별 FAST 채널이 충분한 콘텐츠 공급력을 갖춘다면 이용자들의 매체 선택에 혁명적인 변화를 초래하면서 OTT 시장을 크게 잠식할 것으로 보인다.

다만 시장의 생리상 신생 FAST 채널의 공세에 OTT가 무작정 당하면서 가만히 있을 리 없다. 반대로 FAST 채널도 OTT의 방어적 대응에 맞서 또 다른 변화를 추구할 것으로 보인다. 도전과 응전이 계속되는 상황이 전개될 것이다. 상대의 노림수나 전략에 따라 그때그때 대응책이 달라지는 '게임이론(theory of games)'이 철저하게 적용되는 모습인 것이다.

OTT는 FAST 채널의 공세에 맞서 기존 이용자들을 붙잡기 위해 월정 구독료 서비스 외에도 추가로 조건 없이 제공하는 무료 콘텐츠를 늘릴 가능성이 있다. 아울러 광고를 보는 의무를 부과한 무료 콘텐츠 서비스, 기존 월정 구독제 서비스의 질적 혁신, 무료와 유료를 혼합한 결합상품 서비스 제공 등 다양한 유형의 구독제도를 선보일 것으로 보인다.

FAST 채널은 먼저 그들의 약점으로 지적받은 오리지널 콘텐츠의 부재나 부족을 해소하고자 LG전자처럼 자체 제작 확대에 나설 가능성도 있다. 이용자 인터페이스 등 플랫폼 기능 개선과 수급받는 콘텐츠 레퍼토리의 품질과 종류, 편수도 증대할 것이다. FAST 채널을 운영하는 가전업체는 스마트TV 수상기 판매를 더욱 독려하는 판촉 전략에 나설 것이다.

이 밖에도 FAST 채널 사업자들은 주력 수익모델인 광고를 보고 시청하는 전면 무료 서비스 외에, 필요할 경우 광고를 불편해하는 이용자를 위해 광고 없이 시청하는 무료 콘텐츠를 선보이면서 이용자 이탈 방지와 유인 전략을 동시에 구사할 것으로 보인다.

6 FAST가 기존 서비스의 대체재가 되려면?

시청자가 원하는 것은 집으로 퇴근한 후에 편안한 소파에 앉아서, 초대형 화면과 초고화질을 갖춘 스마트TV를 켜고 가능한 한 소란스럽지 않게 친절하고 미려한 첫 화면의 안내를 받으며, 다양한 선택지 가운데 좋아하는 프로그램을 골라 원하는 시간 동안 단건이든 전편 몰아보기 방식이든지 시청하는 것이다. 그 해결책 가운데 지금까지 가장 유용한 것은 무료 광고 지원 스트리밍 TV, 바로 FAST였다.

특히 북미 시장에서 미래의 TV 유형은 FAST 서비스의 주문형 프로그램과 예약형 프로그램의 결합이 될 것이라는 분석이 많았다(Epstein, 2023). 미디어 기업들은 일찌감치 FAST의 부상을 알고 가장 빠르게 결단하고 행동하는 사람이 돈을 벌게 될 것이라는 점을 알고 있다. OTT 플랫폼인 넷플릭스조차도 FAST의 부상을 보며 새로운 광고 지원 구독 모델을 내놓았는데, 이는 시청자가 더 이상 광고를 싫어하지 않는다는 확신에 따른 것이다.

FAST 채널은 이런 흐름에 비춰 성장세인 것은 분명하다. 그런데 이용자가 원하는 이런 간명한 취향과 시청 편의성에 비춰 FAST 채널이 더욱 발전해 기존 방송의 대체재가 되려면 '양질의 콘텐츠 무료 서비스'를 계속 유지하면서도 채널 접근성, 콘텐츠의 최신성과 다양성 확보, 공급 물량의 확대를 실현해야 한다. 광고 영업에서도 점점 나아지는 성과를 거둬 이런 목표를 차근차근 실현할 재원을 충분히 확보해야 한다.

먼저 구조적으로 FAST 서비스를 시청할 인프라 구축이 잘되어야 한다. 여기서 인프라는 인터넷 환경, 스마트TV와 같은 시청 기기, 다양한 스트리밍 장치와 앱, 그리고 원활한 콘텐츠 공급 체계다. 인프라 환경 중 가장 먼저 꼽고 싶은 것은 스마트TV다. 한국은 물론 세계의 가정에 디지털과 고선명 화질, 다양한 인공지능 기능을 갖춘 스마트TV가 최고 수준으로 보급되어야 한다는 의미다. 지금도 각국의 가정에 꽤 남아 있는 아날로그TV나 초기 수준의 디지털TV가 최신형 스마트TV로 교체되어야 FAST 채널이라는 '선수'가 뛰면서 역량을 갖춰 '국가 대표'로 성장할 운동장이 마련되는 것이다.

또 시청 기기와 인터넷을 연결해 FAST 채널 서비스를 가동하게 해주는 각종 스트리밍 장치와 FAST 채널별 서비스 전용 앱이 개발되어 모바일 기기와 같은 다양한 스크린에서도 이용할 수 있어야 한다. 외국의 경우 초고속통신망 구축과 콘텐츠 공급 루트 확보가 관건이다. 이런 선행 조건이 충족되지 못하면 외국에서는 FAST 채널 개설이나 운용이 어렵기 때문이다.

앞서 설명한 대로 대체재는 서로 대신하거나 또는 교환해서 써도 가치나 효용에 차이가 없는 관계의 재화들을 말한다. 이론적으로 FAST 채널이 시장의 1차 목표, 즉 이러한 유료방송의 대체재 정착을 넘어 완전 대체재가 되려면 채널 접근성, 콘텐츠 최신성, 다양성, 공급 물량이라는 모든 면에서 최고 수준에 올라 서로 선순환을 이뤄야 한다.

특히 거대 가전업체가 아닌 다른 업체들의 FAST 채널은 자금력이 약하기 때문에 유료방송의 대체재로서 역량과 입지를 강화하려면 콘텐츠 비축·편성과 채널 마케팅에 주력해야 한다. LG전자나 삼성전자와 같은 대기업의 경우 수익을 확대하면서 FAST 채널을 대체재로 인식시키려면, 가입자 수를 최대한 늘리기 위해 점진적으로 스마트TV 수상기 가격을 낮추거나 다양한 가격대의 제품군을 내놓아야 한다.

FAST 채널 성장의 전제 조건인 스마트TV는 경제적 여력이 충분치 않은 서민들에게는 쉽지 않은 선택이다. 아울러 스마트TV 보급을 서민층까지 확산하지 않는다면 FAST 채널의 성장에 한계가 있을 수밖에 없다. FAST 채널 사업자 처지에서는 이용자 수가 광고 영업력 및 광고 수입을 절대적으로 좌우하기 때문이다.

현재 스마트TV는 부품 조건, 할인 조건, 가전사의 모델이나 부품 수준마다 가격이 천차만별이다. 외국 브랜드나 상표 가치가 낮은 중소 가전업체의 제품이나 해외 리퍼 제품(refurbished goods: 구매자의 단순 변심으로 반품이나 환급된 정상 제품, 제조 설비에서 결함이 있어 수리한 제품, 유통 과정의 오류로 미세한 흠집 등이 있는 제품, 단기 전시용으로 사용했던 제품 등을 보수 및 재포장한 제품), 전년의 구형 모델이나 진열 제품은 매우 싸게 살 수도 있다. 가전사가 연식이 변경된 새로운 스마트TV를 출시하는 시기가 보통 3~4월 전후이기에 구형 제품이나 진열 제품의 경우 2~3월에 많이 쏟아진다.

화면 크기에 따라 다양한 옵션을 선택할 수 있다. 화면 75인치 크기, 해상도 4K 기준 스마트TV는 LG전자나 삼성전자 제품의 경우 UHD급이 보통 270~300만 원 이상, OLED가 500~1000만 원을 웃돈다. LG전자의 OLED TV를 예로 들면 화질과 음질에 따라 같은 화면 크기라도 A, B, C, G 4단계로 급이 나뉘며, 뒤로 갈수록 값이 훌쩍 뛴다. 8K급에 OLED 사양이라면 훨씬 더 가격이 높아지며 1500만 원이 넘는 제품도 많이 나와 있다. 요즘에는 83인치 이상 TV를 구매하는 사람도 많다.

스마트TV는 가전사 대리점용, 백화점용, 하이마트나 전자랜드와 같은 유통점용, 홈쇼핑용, 인터넷 판매 사이트용 등의 제품 제원이 각각 다르고, 컴퓨터 게임이 구현되느냐 안 되느냐에 따라 가격이 다르니 꼼꼼히 비교해 보고 구매해야 한다. 사운드바 제공 여부, 벽걸이 세트 제공 및 시공 서비스 제공 여부, 제공하는 벽걸이의 유형(고정형, 좌우 조작형, 입체 조작형), 고정 장치의 무타공 여부 등도 구매할 때 잘 살펴봐야 한다.

FAST 사업에 뛰어든
주요 기업 현황은

1 FAST 사업 진출 기업 현황과 특징

FAST 채널은 특히 북미와 유럽 지역에서 이용료 부담이 적잖은 유료 TV 방송과 OTT로부터 이탈 현상이 두드러지면서 많은 기업(player)이 투자에 나섰기에 성장세가 가파르며, 우리나라도 IPTV, 케이블TV, 위성방송, OTT의 잠재적 대안으로 그 지평을 점차 넓혀가고 있다. FAST 산업의 성장은 북미 방송 시장에서 이미 니치 플레이어(niche player)를 넘어 '게임 체인저(game changer)'가 되고 있다는 분석이 많다.

미국의 스마트TV 보급률은 2020년 43%, 2021년 64%에서 2022년 74%로 각각 증가했고, 내장형 스마트TV 회로, 게임 콘솔, 외부 HDMI 스틱을 통해 인터넷에 연결된 TV를 적어도 한 대 이상 보유한 가구는 2022년 88%로 나타나 FAST 시청 환경이 매우 양호하다(Frankel, 2023). 영국의 스마트TV 보급률도 2023년 74%가 되어 마찬가지인 상황이다.

우리나라에서는 스마트TV 제조사와 유료방송 업체가 신사업 발굴과 수익 다각화를 겨냥해 FAST 채널 사업을 선도하고 있다. LG유플러스처럼 이 사업에 적극적인 기업도 있고, SK브로드밴드처럼 이 사업에 뛰어들었다가 철수한 기업도 있다. 그래서 통신사들은 FAST 사업성의 판단 기준이 되는 이용자들의 움직임을 예의 주시하며 대응책을 마련 중이다.

국내에서는 본격적인 FAST 서비스 출현에 앞서 현대HCN과 판도라TV가 합작 설립한 '에브리온TV'가 IPTV에서 보던 콘텐츠를 스마트폰이나 태블릿PC에서도 시청하는 서비스를 무료로 개시한 적이 있다(한동희, 2014). FAST와 유사한 서비스다. 즉, 동글인 '에브리온TV 캐스트'를 구입

(가격 9만 9000원)해 TV의 HDMI 단자에 끼우면 에브리온TV의 250개 채널을 TV에서 시청할 수 있게 한 것이다. 스마트폰에 담긴 동영상과 모바일 게임 등 콘텐츠를 TV의 큰 화면으로 옮겨주는 '미라캐스트' 기능도 포함되었다. 그러나 이런 혁신적 시도는 수익성이 뒤따르지 않아 2019년 사업을 종료했다.

최근 FAST 사업에 뛰어든 기업들은 FAST 채널 사업을 전담하는 새로운 사업부를 만들어 전략을 마련하고 방송사나 제작사 등 콘텐츠 제공자들과 계약을 맺어 자사 FAST 채널에 프로그램을 추가 편성하면서 채널 수를 더욱 늘리고 있다. 광고 수익이 핵심 수익모델이다.

스마트TV를 생산하는 삼성전자는 자사 수상기에 FAST 플랫폼 '삼성TV플러스'를, LG전자는 'LG채널'을 전용 앱으로 가동하도록 설계해 운용하고 있다. 삼성전자는 해외 채널의 론칭 실적과 광고 표적화 기술에서 앞서가고 있다는 평가를 받았다. LG전자는 특히 FAST 사업에 적극적이다. 이미 플랫폼 기업 전환을 선언하며 거액의 투자계획도 발표했다. 관계사인 LG유플러스와 연계해 '아이들나라' 등 2023년 기준 160개가 넘는 FAST 채널을 운영 중이다. 삼성과 LG의 FAST 서비스는 국내의 경우 현재까지는 대부분 스마트TV를 사야 이용할 수 있다.

케이블TV 지역 유선방송 사업자(MSO)인 SK브로드밴드는 OTT 박스 '플레이제트'에 FAST 플랫폼을 론칭했다가 철수했고, 딜라이브는 CJ올리브네트웍스와 손잡고 자사 OTT 박스 OTT'v에 FAST 채널을 탑재해 서비스하고 있다. 딜라이브는 이런 방식을 통해 2023년 연말까지 20개 채널, 2025년까지 100개 채널을 추가로 개설하기로 했다(이정현, 2023). 영화투자제작배급사인 NEW의 자회사인 뉴아이디(NEWID)와 같은 디지털 미디어 플랫폼 및 콘텐츠 기업도 FAST 채널 사업에 뛰어든 상태다(여영준, 2021).

북미에서는 '로쿠', 파라마운트 글로벌의 '플루토TV', NBC유니버설의 '피콕', 폭스사의 스트리밍 서비스 '투비', 싱클레어의 '스티어', '비지오' 등이 FAST 채널을 구축해 서비스를 선도 중이다. 비지오, 로쿠 등은 스마트TV 제조사가 아니라서 단말기 탑재 플랫폼에 들어가 FAST 채널을 편성 및 운용한다. 이용자 수에서는 플루토TV와 투비가 각각 1, 2위를 기록한다. 중국에서도 가전사인 TCL과 샤오미 등도 자사 스마트TV에 자체 FAST 플랫폼을 탑재해 수익을 내는 중이다(정문경, 2023).

가전사의 경우 디지털과 인공지능을 갖춘 스마트TV가 방송 서비스 네트워크가 될 수 있다는 것을 발견해 스마트TV 보급률을 높이는 데 사활을 걸고 있다. 세계 가전업체를 선도 중인 삼성전자는 세계 스마트TV 시장에서 약 4억 6000만 대, LG전자는 약 2억 대의 스마트TV 수상기를 각각 판매해(이성엽, 2023), 그 네트워크가 FAST 사업의 든든한 인프라가 되고 있다. 미디어 기업들은 자금력과 상표 인지도, 콘텐츠 제품군이라는 강점을 토대로 FAST 전용 TV 앱을 만들어 가동했고, 인수합병을 통해 판을 키우면서 'FAST 붐'을 만들었다. FAST 사업에 대한 가능성을 내다본 것이다.

ABC, CBS, NBC, 폭스 등 4대 지상파 방송사들은 2010년대 말부터 스마트TV, 커넥티드TV 등에 탑재해 자사 콘텐츠를 이용할 수 있는 TV 앱을 장착했다. 2023년 현재 자체 FAST 채널 수는 ABC가 20개 이상, CBS가 5개 이상이다. FAST 붐을 직시해 모두 과거의 'TV 에브리웨어(TV Everywhere)'에서 스마트TV 시대에 맞춰 'FAST 에브리웨어(FAST Everywhere)'로 경영전략을 변화시킨 것이다.

인수합병도 활발했다. 2019년 2월 바이어컴(Viacom)은 플루토TV를 3.4억 달러(약 4408억 원)에, 2020년 2월 컴캐스트(Comcast)는 수모(Xumo)를 1억 달러(약 1296억 원)에 인수했다(황치규, 2020). 이어 폭스는 같은 해 3월에 투비를 4.4억 달러(약 5704억 원)에, 엔비씨유니버설의 판당고(Fandango)는 같은 해 4월에 부두(Vudu)를 각각 인수했다.

2 국내의 주요 FAST 채널 사업자

1) 삼성전자 '삼성TV플러스'

삼성전자는 2015년 '삼성TV플러스'를 론칭해 인터넷만 연결하면 영화·드라마·예능·뉴스·스포츠 등 다양한 콘텐츠를 무료로 즐길 수 있도록 했다. 2023년에는 KT 그룹의 콘텐츠 부문 계열사인 KT알파와 협업해 영화 AVOD 서비스를 출시했는데, 영화 AVOD를 연말까지 〈찰스 디킨스의 비밀 서재〉, 〈노엘의 선물〉, 〈패딩턴 2〉 등 150여 편을 제공하고 2024년까지는 1000여 편으로 늘릴 예정이다(류은주, 2023).

사업 개시 9년 차인 2024년 초 현재 국내를 포함해 24개국에서 채널 2500개 이상을 제공하고 있다. 안드로이드 8.0 이상의 운영체제를 갖춘 갤럭시 휴대전화와 태블릿, 2016년 이후 출시된 삼성전자의 모든 스마트TV, 스마트 모니터(M8, M7, M5)로 시청 가능하다.

그림 4-1 | 삼성전자의 '삼성TV플러스'

자료: 삼성전자.

2017년 이후 출시된 삼성전자의 '패밀리허브(Family Hub)'에서도 FAST 서비스를 이용할 수 있다. 패밀리허브는 삼성전자에서 가전제품 사물인 터넷(IoT) 서비스 가동을 위해 개발한 '다기능 냉장고'로, 냉장고 앞문에 설치된 스크린을 통해 갤럭시 스마트폰과 연동함으로써 영상, 전화, 문자 등 다양한 디지털 서비스를 이용할 수 있다. 2023년에는 이용자 인터페이스를 개선해 콘텐츠 탐색 능력을 개선했다. 홈 화면 왼쪽으로 내비게이션 바를 설정해 홈, 라이브 TV, 영화·TV쇼, 음악, 키즈 등 주제별로 직접 접속할 수 있게 했다.

미국, 캐나다, 영국, 프랑스, 독일, 오스트리아, 스페인, 스위스, 이탈리아, 태국, 호주, 브라질, 인도, 멕시코, 스웨덴 등이 서비스 국가다. 무엇보다도 4억 6000만 대 이상 판매(세계 1위)되어 1500만 명 이상의 시청자를 확보하게 해준 스마트TV가 사업의 밑바탕이다. 삼성전자는 내부에 '삼성 애즈'라는 FAST와 및 AVOD 광고 전담 부서를 갖춰 사업을 뒷받침하고 있다.

삼성전자에 따르면 2023년 말 기준 월간 이용자 수는 국내 수준에서는 200~300만 명, 국제 수준에서는 3500만 명이다. 2027년까지 5800만 명으로 높인다는 것이 삼성전자의 목표다. 국내 채널에서는 300개 이상의 라이브 TV 채널과 1000개의 영화 및 쇼를 무료 스트리밍으로 서비스하고 있다. 2023년 국내 FAST 사업자 중 최초로 지상파 3사의 콘텐츠를 공급받아 102개 채널에 서비스 중이다. TV 시리즈, 엔터테인먼트, 뉴스, 어린이, 시사·교양, 생활양식, 기술·게임·과학, 스포츠, 영화, 음악, 쇼핑 등의 장르로 세분화해 채널을 편성했다.

삼성TV플러스는 TV 시리즈(드라마) 장르만 해도 504번 〈슬기로운 의사 생활 시즌2(tvN)〉, 507번 〈사랑의 불시착(tvN)〉, 515번 〈우리들의 블루스(tvN)〉, 516번 〈슬기로운 감빵 생활(tvN)〉, 519번 〈Fireplace〉, 521번 〈옷소매 붉은 끝동(MBC)〉, 543번 〈정도전(KBS)〉, 567번 〈힘쎈 여자 도봉순(JTBC)〉 등 다채로운 콘텐츠 편성 진용을 구축했다.

2023년 4월에는 CJ ENM의 인기 프로그램을 모두 골라볼 수 있는 브랜드관을 도입했다. 〈뿅뿅 지구오락실〉, 〈신서유기 8〉 등이 대표적인 프로그램이다. MBC 〈무한도전〉, SBS 〈나는 솔로〉는 물론이고 TV조선의 〈국가가 부른다〉, 〈실객 허영만의 백반 기행〉, MBN 〈속풀이쇼 동치미〉 등 종합편성채널 콘텐츠도 제공한다. 2024년에는 채널 수를 1000여 개까지 추가할 예정이다.

해외 채널의 경우 콘텐츠 수급에 심혈을 기울여 세계 300여 개 방송사, 제작사와 제휴해 742개 채널을 운영 중이다. 콘텐츠 독점 제휴를 늘리면서 국가별 콘텐츠 라이브러리를 구축하는 것이 목표다. 아울러 국내 디지털 콘텐츠 업체인 뉴아이디와 협력해 세계 시장에 독자 운영 채널 외의 신규 채널을 추가로 공급하고 있다.

특히 미국에서는 ABC, CBS, 폭스 뉴스 등 미국 지상파 및 BBC, 라이언스 케이트(Lionsgate) 등과 제휴하고 현지의 '케이컬처(K-culture) 열광층'을 고려해 24시간 방송되는 한국 영화 전문 채널과 케이팝 채널을 추가 편성했다. 아울러 미국 에미상 수상작 〈코난(Conan)〉, 인기 영상 클립을 포함한 코난 오브라이언(Conan O'Brien) 콘텐츠 채널을 독점 공급하기로 했다. 영국에서는 120개 채널로 콘텐츠 공급 경로를 늘렸다.

2) LG전자의 'LG채널'

LG전자는 아예 유력한 '미디어 엔터테인먼트 플랫폼 기업'을 목표로 2015년부터 FAST 플랫폼 'LG채널(LG Channels)'을 본격 시작했다. 2014년 2월 웹OS TV 출시가 그 바탕이다. FAST 사업은 HE사업본부에서 전담하는데, 본격적으로 스마트TV 플랫폼에 FAST를 결합해 광고·콘텐츠 매출을 올리고자 2023년 하반기 조직을 개편했으며 HE사업본부장 아래 웹OS 소프트웨어 개발 그룹을 신설했다(이인준, 2023).

'LG채널'은 2024년 초 기준 한국, 미국, 영국 등 세계 30개 국가에서 3600개 이상의 채널을 제공하고 있는데, 세계 수준에서 2022년 7월 2800만 명이었던 이용자가 2023년 78% 이상인 5000만 명으로 늘어났다. 같은 기간 유럽은 141%, 중남미는 163%나 성장했다. 이런 FAST 사업의 근

그림 4-2 | LG전자의 'LG채널'의 콘텐츠스토어

자료: LG전자.

간과 호조세의 동력은 세계 시장에서 2억 대 이상 팔린 자사의 스마트TV 수상기다.

LG채널은 넷플릭스, 유튜브, 훌루 앱과 같은 대역폭을 사용해 콘텐츠 제공업체의 프로그램을 이용자들에게 스트리밍한다. 스마트TV나 스마트 모니터 등을 통해 LG전자 자체의 웹OS나 웹OS 3.0, 3.5, 4.0, 4.5, 5.0, 6.0, 22버전의 환경에서 이용할 수 있다. 콘텐츠 선택 창인 사용자 인터페이스도 이용자의 심미성과 편의성을 확대하고 피로감을 줄이는 방향으로 개선했는데, 2023년 9월 27일 'LG채널 3.0' 버전으로 격상했다. 채널 3.0 버전에서는 영화 주문형 비디오(VOD) 50건도 서비스하는데, VOD 제공 시작은 국내 FAST 플랫폼 가운데 LG채널이 처음이라고 강조한다.

특히 LG전자가 공급하는 스마트TV에는 FAST 서비스 전용 앱이 내장되어 있어 사용이 편리하다. 미국의 LG채널은 그렇지 않지만, 국내 LG채널의 경우 스마트TV가 아닌 모바일 등의 기기에서는 2024년 현재까지 사업성이 없다는 판단에 따라 전용 앱을 출시하지 않아 사용이 어렵다.

LG채널이 각국에서 공급하는 FAST 채널의 콘텐츠는 뉴스, 영화, 드라마 등 매우 다양한 장르에 걸쳐 있다. 교육, NFT(Non-Fungible Token) 예술품 거래, 원격의료, 홈 트레이닝(집안 운동), 게임 등 다양한 분야로 확대한 것이 특징이다. 국내에서는 뉴스, 드라마, 영화, 다큐멘터리, 스포츠 등 140여 개의 채널을 서비스하는데 특히 교육, 홈쇼핑, 엔터테인먼트를 강화하고 있다.

국내에서는 LG전자가 자체적으로 편성해 운용하는 채널 외에도 그룹 관계사인 통신사 LG유플러스와 연계해 채널 22개를 추가하며 서비스를 강화 중이다. 가입한 통신사와 관계없이 LG 웹OS로 구동되는 LG의 스마트TV에서 제한 없이 이용할 수 있는 것이 특징이다.

제공되는 채널 명세는 실시간 채널 5종, 유플러스의 자체 제작한 오리지널 콘텐츠와 차별적인 콘텐츠를 큐레이션해 제공하는 채널(아이들나라, U+홈트, 유플러스스테이지, 더트래블, 더엔터, 더스토리), WWE·빌리어즈의 선호 콘텐츠로, 대부분 사내 콘텐츠 전담 조직 '스튜디오 X+U'에서 제작하는 자체 제작물과 종합편성 채널 및 케이블TV의 인기 프로그램이다.

미국의 LG채널에서는 150개 이상의 채널을 볼 수 있다. 〈CBS 뉴스〉, 〈NBC 뉴스〉, 〈USA투데이 뉴스〉, 〈블룸버그 뉴스〉, 〈TIME〉과 같은 보도·시사 채널 외에, 〈나우디스(NowThis)〉, 〈그레이트 빅 스토리(Great Big Story)〉, 〈로 앤 크라임(Law & Crime)〉, 〈저스트 포 라프스 개그(Just For Laughs Gags)〉, 〈어보브 애버리지(Above Average)〉와 같은 시리즈물이 대표적이다. 영국의 LG채널에서는 120개 이상의 채널이 가동된다. 대표적으로 유명 요리사 고든 램지(Gordon Ramsay)의 요리 수업과 인기 가수 머라이어 캐리(Mariah Carey)의 보컬 수업, 빌 클린턴 전 미국 대통령의 리더십 강좌 등이다.

LG전자는 채널 공급은 물론 광고 플랫폼 기술을 활용한 부가 수익 창출에도 공을 들이고 있다. 이를 위해 통신사로서 VOD 및 LG FAST 채널 광고 인벤토리를 갖춘 LG유플러스, 이용자의 방문 기록으로 소비 행태를 예측하는 프로그래머틱 솔루션을 갖춘 모티브인텔리전스와 광고 파트너십을 체결했다. 협업이 구체화하면 보다 정교한 표적화 광고 사업이 가능해진다.

LG전자는 FAST 사업 착수를 계기로 미디어 엔터테인먼트 플랫폼 기업으로의 입지를 강화하기 위해 영화제작·투자·배급사 뉴(NEW)의 FAST 사업 자회사인 뉴아이디, YG엔터테인트 등과 같은 콘텐츠 기업과의 제휴와 케이컬처 채널의 해외 편성을 확대할 계획이다. 콘텐츠 수급은 물론 광고 집행에서 수익을 분담하는 사업 파트너를 늘림으로써 '허브 플랫폼'으로의 입지를 강화하고 수익을 늘려가겠다는 구상이다.

아울러 2026년까지 전용 앱이 탑재된 자사의 스마트TV를 3억 대 이상 판매하는 한편, 콘텐츠 수급 강화, 채널 시스템 혁신 등에 2023년부터 향후 5년간 1조 원을 투자한다는 계획이다. 유료방송과 견줄 수 있는 채널 매력도와 콘텐츠 파워가 확보될 수 있기 때문이다. 특히 스포츠, 예능, 시리즈 등 오리지널 콘텐츠에 대한 투자에 나선 것은 고무적인 일이다. 향후에는 그간 검토하지 않았던 영화 투자에도 나설 예정이다.

LG전자는 이런 투자가 차근차근 실행되면 글로벌 가전업체를 넘어서 영향력이 큰 미디어 엔터테인먼트 플랫폼 기업으로 정착할 것이라 내심 기대하고 있다. LG전자 관계자는 "스마트TV를 잘 팔리게 하는 전략과 유력 플랫폼으로 부상하는 전략이 '쌍끌이'로 추진되고 있기에, 향후 유료방송을 대체하며 매출, 고객 충성도, TV 사용 연한, 회사 브랜드 가치와 포지셔닝에서 큰 상승효과가 있을 것"이라고 내다봤다.

3) 통신사와 그 관계사(KT, LG유플러스, SK브로드밴드)

● KT의 KT알파

통신사인 KT는 현재 본사에서 FAST 사업의 향방을 주시할 뿐 구체적으로 사업을 추진하지는 않았다. 방송사업은 IPTV와 같은 유료 서비스가 주력이기 때문이다. 그 대신 콘텐츠 부문 계열사인 KT알파에서 영상 콘텐츠(영화, 드라마, 뮤직비디오, 콘서트 등)에 미리 투자해 확보한 지식재산권 콘텐츠를 널리 유통하는 데 중점을 두고 FAST 사업을 전개 중이다.

KT 알파의 사업 파트너는 LG전자의 LG채널과 삼성전자의 삼성TV플러스다. 먼저 북미에 진출한 LG채널과 북미 지역 FAST 플랫폼 '리워디드 TV'를 통해서 한국영화, 시리즈물, 케이팝 공연 영상 등 해외 시청자가 좋아할 만한 K-콘텐츠를 선별해 제공하는 '케이팝콘(K-POPCORN)' 채널을 2023년 론칭했다. 이 채널은 북미, 캐나다, 영국 등 영어권 국가에 이어 향후 일본, 호주, 인도 등 아시아 지역까지 채널을 확대할 예정이다.

2023년 2월에는 LG채널에 중국 드라마를 무료로 볼 수 있는 'PLAYY 중국 드라마' 채널을 선보였다. LG 스마트TV를 이용하는 고객이라면 별도 가입 절차 없이 인터넷에 연결만 하면 무료로 이용 가능하다.

같은 해 8월에는 삼성TV플러스에 장르와 무관하게 다채로운 영화를 감상할 수 있는 '플레이 영화' 채널과 '월별 테마형 영화' 채널을 론칭했다. 제공되는 영화는 총 150여 편으로 삼성TV플러스 이용자는 방송 시간에 구애받지 않고 원하는 영화를 장르별·주제별로 선택해 시청하면 된다.

● SK브로드밴드의 '플레이제트'

SK브로드밴드는 2022년 1월 기존 TV나 PC 등에서 FAST 채널과 OTT를 편리하게 골라 볼 수 있는 스틱형 OTT 박스 '플레이제트(PlayZ)'를 내놓았다. 로쿠의 스트리밍 장치와 유사한데, KT의 지니 TV, LG유플러스의 유플러스tv처럼 IPTV에서 바로 OTT 콘텐츠를 볼 수 있는 기능을 포함해 다른 기능들을 추가한 것이다. 즉, TV나 PC에 꽂아 방송 서비스를 통합적으로 이용하고 검색할 수 있는 스트리밍 장치가 장착된 단말이다. 이것은 그러나 FAST 채널만을 위한 전용 장치가 아니다. 따라서 OTT, FAST 채널, 게임, 노래방 등 여러 서비스를 하나의 플랫폼에서 이용할 수 있는 것이 특징이다.

IPTV나 케이블을 이용하지 않고 스마트TV 구매가 부담되는 1인 가구 등을 주된 목표로 했다는 것이 SK브로드밴드 측의 설명이다. 크롬캐스트 기능이 추가된 이 장치를 모바일 시청 기기에 부착하면 넷플릭스를 제외한 웨이브, 티빙, 왓챠, 아마존프라임비디오, 애플TV플러스 이용은 물론 무료 실시간 채널과 홈 엔터테인먼트 서비스, 유튜브 시청도 가능했다.

이후 기술적인 업그레이드를 통해 월정액으로 이용할 수 있는 영화 VOD 서비스인 '오션'을 덧붙이고 FAST 채널에서도 일시중지, 빨리 감기

그림 4-3 | SK브로드밴드의 '플레이제트(PlayZ)'

자료: SK브로드밴드.

와 같은 기능을 이용할 수 있게 했다. 플레이제트의 FAST 서비스인 '채널 Z'에서는 스트리밍 채널 32개를 지원하며, NEW ID, 카카오 엔터테인먼트, YTN 등 영화, 드라마, 예능, 스포츠, 뉴스 등 다양한 콘텐츠를 서비스했다.

그러나 영상 시청이 점차 TV에서 모바일로 이동하고 있는 데다, (구매 비용이 8만 원에 이르는) 별도의 유료 기기를 이용해서 영상을 시청하는 행태가 익숙하지 않아 사업 전망이 밝지 않다고 자체 분석해 2024년 2월 1일부로 플레이제트 서비스를 종료했다(심지혜, 2023). 따라서 이는 유료 방송이 무료 서비스인 FAST 사업에 뛰어들었다가 경영적 판단에 따라 조기에 철수한 대표적 사례로 기록될 것이다.

이렇게 철수를 결정한 이유는 무엇보다도 자사의 주 수익원인 유료방송 사업과의 충돌이다. 유료방송인 IPTV 이용률과 IPTV VOD 매출이 감소하고 있어 자사 IPTV와 FAST 서비스의 동침 전략과 이에 따른 시장 충돌이 부담스러웠다는 것이 SK브로드밴드에서 들려온 후문이다.

SK브로드밴드는 이 서비스가 종료되면 이용자 편의를 위해 플레이제트에서 제공하던 OTT와 앱 서비스, 크롬캐스트 등의 기능은 계속 이용할 수 있게 할 예정이다. 그러나 회사에서 제공하던 게임이나 OTT 콘텐츠 통합검색 기능의 이용이 불가능해졌다.

● LG유플러스

LG유플러스는 경쟁하는 국내 통신사와 달리 사내에 FAST 사업 전담팀을 두고 선도적으로 FAST 사업에 뛰어들었다. FAST 사업의 기반이 되는 콘텐츠 제작·확충을 위해 전담 조직인 '스튜디오 X+U'도 꾸려 운용 중이다. LG유플러스는 유료 서비스인 기존의 통신사업과 IPTV 사업만을 고수하기보다 이용자의 변화하는 선택 추세에 맞춰 무료 서비스인 FAST 사업도 과감하게 추진한다는 전략이다.

그룹 관계사인 LG전자와 긴밀하게 협력하되, 여기에만 구애받지 않는 개방적이고 확장적인 사업전략을 추구하고 있다. 위험을 최대한 줄이면서 기회를 확대하기 위함이다. LG유플러스는 먼저 그룹 관계사인 LG전자가 운영하는 FAST 플랫폼 'LG채널'에는 2023년 말까지 23개 장르별 채널을 공급했다. 세부안은 앞에서 설명한 LG전자의 FAST 사업 내용과 같다. 2024년부터는 LG채널에 공급하는 채널 수를 더욱 늘리고, 양사가 공동 투자해 이 채널에 공급할 매력적인 신규 콘텐츠를 보강할 예정이다.

LG유플러스는 2023년 4월 LG 웹OS로 구동되는 LG전자 스마트TV에서 가입한 통신사와 무관하게 영상 콘텐츠를 볼 수 있는 'FAST 채널'을 론칭했다. 국내 FAST 채널에 공급한 적 없는 실시간 채널과 LG유플러스만의 오리지널 콘텐츠 편성이다. 서비스 목록은 실시간 채널 5종, 유플러스 오리지널 콘텐츠와 콘텐츠를 큐레이션해서 제공하는 채널(아이들나라, U+홈트, U+Stage, 더트래블, 더엔터, 더스토리), WWE·빌리어즈 인기 콘텐츠 등 18개 채널이다. 이 가운데 아이들나라, 홈트 등은 독점적인 오리지널 콘텐츠다.

LG유플러스 관계자는 "통신업과 유료방송 사업, 내수와 수출에 국한하지 않고 고객의 변화하는 수요에 맞춰 도전적으로 FAST 사업을 추진할 것이다. 2024년부터 공급 채널도 늘리고 기존의 발상과 관념을 뛰어넘어 사업 상대와 포트폴리오도 다양하게 구성할 것"이라고 말했다.

4) 딜라이브의 '딜라이브 ON TV'

국내 수도권 최대 케이블 방송사인 딜라이브(D'LIVE)는 2023년 3월 말 FAST 채널인 '딜라이브 ON TV'를 개설했다(김병욱, 2023). 사업 초기에는 뉴스, 아동, 스포츠, 크리에이터, 건강 등을 서비스하고 점차 영화, 드라마, 예능, 다큐멘터리로 확대했다. 여기에는 자사의 실시간 지역 채널 '딜라이브TV', 인기 애니메이션 '라바(Larva)', 3D 기술로 제작된 대한민국 최초의 TV 애니메이션 '레카', '채널 차이나', '건강TV' 등 10개 채널이 포함되었다.

'레카'는 2001년 드림픽쳐스21이 제작한 26부작 장편 애니메이션으로 2001년 7월부터 EBS를 통해 방영되었기에 당시 시청 세대에게 과거의 시청 추억을 희구하게 하고 요즘의 MZ세대에게는 그 시절 작품을 새롭게 선보이는 의미가 크다. 딜라이브는 2023년 말까지 20개 채널을 구축한 데 이어 2025년까지 100개 채널을 추가한다는 계획이다.

그림 4-4 | 케이블TV 업체 딜라이브의 '딜라이브 ON TV'

자료: 딜라이브.

딜라이브는 FAST 서비스 핵심 역량 확보를 위해 여러 기업과 기술 제휴를 확대했다. 먼저 방송 미디어 시스템 구축과 운용 능력이 우수한 CJ올리브네트웍스와는 기술, 콘텐츠 제휴를 해 FAST 백엔드, 프론트엔드 개발, 콘텐츠 소싱과 편성 혁신을 이뤄낸다는 계획이다. 한마디로 CJ올리브네트웍스가 딜라이브에 FAST 서비스를 구축해 주는 것이다.

딜라이브는 앞서 2016년 종합적인 OTT 시청 플랫폼인 OTT 박스 '딜라이브 OTT'v'를 선보였다. 넷플릭스, 웨이브, 쿠팡플레이 등 주요 OTT 서비스를 탑재해 한 곳에서 여러 가지 채널의 콘텐츠를 이용할 수 있게 한 것이다. 딜라이브는 "D'LIVE OTT'v만 있으면 우리 집 TV가 스마트TV가 된다!"라는 메인 홈페이지의 모토 아래, 아직은 FAST 서비스보다 통합적인 OTT 서비스의 이용률 증대에 중점을 두는 모습이다.

5) 영화사 뉴(NEW)의 '뉴아이디'

뉴아이디(NEW ID, NEW Identity of Digital content & platform)는 2019년 10월 설립된 FAST 서비스를 비롯한 차세대 디지털 콘텐츠를 개발하는 글로벌 플랫폼 기업이다. 영화제작·투자·배급사에서 드라마, 음악, 특수 영상과 시각효과(VFX, Visual Effects) 등 신사업을 추가하며 종합미디어 기업으로 변신을 꾀하고 있는 NEW(Next Entertainment World)의 디지털 사업 계열사다. 사내 벤처로 출발한 다음 자회사로 독립한 것이다.

앞서가는 미국의 FAST 시장을 읽고 일찍이 FAST 플랫폼 사업에 뛰어들었다고 한다. 영화인 김우택이 대주주인 모회사 NEW가 확보한 영화, 드라마 등의 풍성한 지식재산권이 바탕이었다. NEW는 영화로 〈변호인〉, 〈7번방의 선물〉, 〈더킹〉, 〈부산행〉, 〈신세계〉 등을, 드라마로는 KBS 〈태양의 후예〉, 디즈니플러스 〈무빙〉, JTBC 〈닥터 차정숙〉 등의 히트작을 남겼다.

뉴아이디는 미국, 남미, 유럽 등 세계 시장을 대상으로 K-드라마, K-팝, K-스포츠 등 케이컬처 콘텐츠를 공급하는 FAST 플랫폼을 개발 및 운용 중이다. 장비업체가 아닌 기업으로서는 국내에서 처음으로 FAST 플랫폼 사업을 시작했으며, 창사 후 1년 만에 300억 원의 기업 가치를 지닌 '벤처 인증'을 받았다는 것이 회사 측 설명이다.

뉴아이디는 미국, 캐나다, 스페인, 브라질, 멕시코, 스페인 등 세계 20여 개 국가 164개 이상의 FAST 플랫폼에서, 디지털 매장의 특성 가운데 하나인 '매장 안의 매장(shop-in-shop)'으로 들어가(Reinartz et al., 2019) 채널을 공급하고 있다. 아마존의 IMDB TV, 디스커버리 채널, Vizio TV, 로쿠, 플루토TV, 투비 등이 뉴아이디의 대표적인 협업 플랫폼이다.

그림 4-5 | 뉴아이디의 '빈지코리아(Binge Korea)'

자료: 뉴아이디.

뉴아이디는 2023년까지 이런 플랫폼에 84개 채널을 공급했는데, 월간 이용자 수가 400만 명에 이른다. 공급하는 주력 콘텐츠는 이용자들이 현지 방송 서비스에서 볼 수 없는 케이컬처 관련 프로그램이다. 이런 독보적인 콘텐츠를 미국 플랫폼에 먼저 공급한 다음 유럽·남미 플랫폼으로 확장하는 경영전략을 구사했다. 국내에서는 삼성TV플러스, LG채널 등에 채널을 공급하고 있고 SK브로드밴드, SK텔레콤, LG유플러스 등과도 협업하고 있다.

2023년 10월에는 차량 서비스로 확대해 BMW코리아의 BMW 5시리즈 차량에 빈지코리아의 FAST 채널 14개와 TV 시리즈 7편, 영화 30편을 탑재해 서비스하기 시작했다(김유진, 2023). 차량의 홈 스크린을 통해 교양, 예능, 키즈 애니메이션, 드라마, 영화 등의 콘텐츠를 볼 수 있게 한 것이다.

이렇게 공급되는 콘텐츠는 해외 채널이나 국내 채널 모두 모회사 NEW가 지적재산권을 확보한 영화, 드라마와 국내 방송사나 외주사의 콘텐츠로 짜여 있다. 영화의 경우 통신사와 협업으로 인공지능 기술을 적용해 각국에서 음악 저작권 문제가 발생할 수 있는 배경음악(O.S.T)과 한글 자막을 제거하는 한편, 이용 국가별 언어로 된 자막과 더빙을 추가하고 저화질 영상을 고화질로 변환하는 작업(업 스케일링)을 거쳐 제공 중이다.

이러한 유의 대표적인 콘텐츠는 뉴아이디 자체 채널인 영화 전문 '뉴 K-무비스', 음식 전문 '뉴 K-푸드', 음악 전문 '뉴 K-팝', 더핑크퐁컴퍼니의 '아기상어TV', 빌리어즈TV, SPOTV, SBS, 티캐스트의 〈맛있는 녀석들〉, YG엔터테인먼트 등이다.

뉴아이디는 2023년 5월부터 외국의 FAST 플랫폼에 자사 FAST 채널이 입주하는 '숍 인 숍' 형태의 기존 채널 사업과 별도로, 현지 국가에 직접 개설·운영하는 프리미엄급 FAST 사업을 시작했다. 이를 위해 북미 지역에서 먼저 TV 앱 기반의 홈서비스인 빈지코리아를 론칭했다. 빈지코리아에서 제공하는 콘텐츠는 K-드라마, K-무비, K-팝, K-푸드, 엔터테인먼트, 스포츠 등이다. 이 서비스는 삼성전자와 LG전자의 스마트TV, 아마존의 파이어TV에서 이용할 수 있다.

뉴아이디는 케이컬처 콘텐츠를 기반으로 서비스형 소프트웨어(SaaS) 등의 기술을 덧붙여 새로운 수익을 창출함으로써 스마트TV와 같은 자체 생산 디바이스 없이도 우뚝 서는 국내 유일이자 아시아 최초·최다 FAST 플랫폼 사업자로 입지를 굳힌다는 계획이다.

6) 아리랑TV의 'K-MUSIC' 채널

영어로 방송하는 아리랑TV(문화체육관광부 산하 '아리랑국제방송')는 2023년 7월 10일 LG전자와 협업해 FAST 서비스로 음악 채널 'K-MUSIC'을 론칭했다. 이 채널은 100% 영어로 제작해 24시간 라이브로 송출하는 스트리밍 서비스로 국내와 국제 서비스가 동일하다.

아리랑TV의 이러한 시도는 자사가 기존 케이블TV 방송 네트워크로 세계의 케이컬처 팬들을 공략해, 108개 국가 약 1억 4400만 시청 가구 확보를 바탕으로 북미, 유럽 등에 확산 중인 FAST 서비스로 승부를 걸어보겠다는 전략에서 비롯되었다.

아리랑TV의 음악채널은 LG전자의 'LG채널'에서 볼 수 있는데, 서비스 권역도 미국, 영국, 독일, 프랑스, 이탈리아, 네덜란드, 노르웨이, 호주, 브라질, 멕시코, 칠레, 페루, 콜롬비아 및 북미와 유럽, 오세아니아와 중남미 주요 국가에 이른다. 케이팝, 인디음악, 발라드, 트로트, 라틴음악까지 다양한 장르의 음악 콘텐츠로 구성되어 있다. 대표적인 프로그램은 〈심플리 케이팝〉, 〈애프터 스쿨 클럽〉, 〈아임 라이브〉 등이다.

아리랑TV는 LG채널이 29개국에서 4800만 이상의 가입자를 확보하고 있어 우리 문화와 국가 브랜드 홍보에 적지 않게 기여할 것으로 내다보고 있다. 이런 예측은 음악 프로그램은 다른 콘텐츠보다 '문화적 할인율'이 낮아 침투나 소통이 용이하다는 데서 기인한다.

아울러 음악 프로그램의 주역인 BTS, 블랙핑크 등 걸출한 아티스트들의 맹활약으로 케이팝이 전 세계에서 조명을 받고 있다는 데 근거한다. 아리랑TV 측은 자사 FAST 채널의 이용률 추이를 살펴보면서 향후 다른

그림 4-6 ｜ 아리랑TV의 FAST 음악 채널 'K-MUSIC'

자료: 아리랑TV.

지역으로도 FAST 플랫폼을 확대할 계획이다.

아리랑TV는 추가적으로 네덜란드가 본사인 채널 및 콘텐츠 유통 회사 스태틱 웨이브(Static Waves)와 협력해 한국 대중음악 콘텐츠를 무료로 서비스하는 케이컬처 전문 FAST 채널 'K-웨이브(K-Wave)'를 2024년 1월 시장에 내놓았다(Real Screen, 2023).

K-웨이브는 미국 유럽과 아시아에 배포하는 플랫폼인 지슨(Zeasn)을 통해 서비스한다. 제공되는 콘텐츠는 오리지널 시리즈, 라이브 콘서트, 케이팝 스타들에 관한 다큐멘터리 영상, 음악과 패션 트렌드 프로그램, 댄스 지도 비디오, 비하인드 클립 등이다.

3 해외의 주요 FAST 채널 사업자

1) 파라마운트의 '플루토TV'

플루토TV는 2013년 닻을 올린 FAST 플랫폼 사업자다(Thangavel, 2023). 미디어기업 파라마운트글로벌(Paramount Global)을 지주사로 둔 파라마운트 스트리밍(Paramount Streaming)이 모회사다. 파라마운트는 유료 서비스가 주력으로 '쇼타임(Showtime)'까지 합병해 덩치를 키운 '파라마운트 플러스(Paramount+)'와 월간 활성 이용자(MAU) 8000만 명인 플루토TV를 연계한 경영을 하고 있는데, 이를 통해 2023년 3분기에만 9000억 원의 매출을 기록했다.

플루토TV는 2024년 초 현재 수백 개의 미디어 회사와 협력해 다양한 언어와 범주로 인기 영화, TV 프로그램, 최신 뉴스, 스포츠, 코미디 등 300개 가까운 라이브 선형 채널과 수천 개의 타이틀을 주문형으로 제공하고 있다. 그간 파라마운트 〈스타트렉: 피카드〉, 〈탑건: 매버릭〉 등의 유명 콘텐츠를 선보여 MAU를 8000만 명 이상으로 끌어올렸다.

그림 4-7 | 플루토TV 초기 화면

자료: 플루토TV.

플루토TV 측은 "세계 최고의 콘텐츠 제작자와 협력하고 그들의 작품을 최고의 장치에 배포해 지구를 즐겁게 하는 것이 회사의 사명이자 자사의 세계관(Universe)"이라 강조하면서 "'플루토의 시민'이라 불리는 임직원들은 업계의 리더, 미래 지향적 사고자이자 파괴자가 될 것"이라고 밝혔다. 시청 환경은 커넥티드TV 기기, 모바일, 웹이다. 다양한 스마트TV와 아마존 파이어스틱(Amazon FireStick), 로쿠, 애플TV, 크롬캐스트, 엑스피니티(Xfinity), 엑스박스(Xbox) 콘솔, 플레이스테이션(Playstation)의 스트리밍 장치를 설치해 이용이 가능하다.

플루토TV는 2013년 8월 1일 "일반 TV 같은 새로운 형태의 OTT를 제공하면 어떨까?"라는 기존 'OTT와의 차별화' 구상에 따라 회장 겸 CEO 닉 그루프(Nick Grouf), 톰 라이언(Tom Ryan), 일리야 포진(Ilya Pozin)이 공동 설립했다. 창업 7개월 만인 2014년 3월 31일 웹에서 베타 서비스를 시작했다. 2014년 5월 14일에는 '저장 쇼(save show)'라는 버튼을 눌러 웹에서 재생되는 비디오 녹화가 가능한 '마이플루토(myPluto)'를 출시했다.

지난 2015년에는 10월에 '어썸니스TV(AwesomenessTV)', 'IGN', '크랙드(Cracked)', 'DHX 미디어', '저스트 포 라프스(Just For Raughs)', '뉴지(Newsy)', '레전더리 디지털 네트웍스(Legendary Digital Networks)', '더 어니언(The Onion)' 등 20개를 추가해 큐레이팅 채널 수를 120개로 늘렸다. 2016년에는 소니와 계약을 맺어 플레이스테이션 스토어에서도 플루토 TV 앱을 내려받아 볼 수 있게 했다. 플루토TV는 같은 해 여러 벤처 캐피털로부터 3000만 달러(약 391억 원)를 투자받았는데, 이때 회사의 가치가 1억 4000만 달러(약 1826억 원)로 평가되었다. 2017년 10월에는 1500만 명 이상의 MAU를 확보해 성장의 기틀을 마련했다.

창사 6년째인 2019년 1월 22일에는 거대 미디어그룹 비아콤CBS(2022년 '파라마운트'로 그룹명 변경)가 3억 4000만 달러(약 4434억 원)에 인수했다. 2019년 6월 13일 컴캐스트의 엑스피니티(Xfinity) X1 케이블 박스에도 플루토TV를 창작했다. 같은 해 9월에는 독일, 오스트리아, 스위스, 영국의 모바일 플랫폼으로 시청 범위를 확대했다. 2019년 11월 13일에는 'CBS 뉴스'의 뉴욕과 로스앤젤레스 서비스, '엔터테인먼트 투나잇' 브랜드의 엔터테인먼트 뉴스(ET Live) 등 CBS 계열 채널을 서비스에 추가했다.

플루토TV는 2020년 1월 'CES 2020'에서 새로운 로고를 공개했다. 직후 새로운 채널 가이드와 주문형 메뉴 인터페이스를 포함한 애플 iOS 앱의 재설계를 공개했다. 2020년 10월 8일에는 스페인, 이탈리아, 프랑스에서 40개의 채널을 출시하고 2021년 7월 17일에는 '뉴스 12 뉴욕(News 12 New York)', '플루토TV 홈(Pluto TV Home)', '프로페셔널 불 라이더스의 라이드 패스(Professional Bull Riders' RidePass)' 등의 채널을 추가했다.

2022년 2월 16일에는 리브랜딩 전략에 따라 비아콤CBS(ViacomCBS)가 '파라마운트글로벌'로 사명을 변경하면서 플루토TV의 모회사도 비아콤 CBS 스트리밍에서 '파라마운트 스트리밍'으로 이름을 바꿨다. 글로벌 수준의 MAU가 2022년 4분기에 7850만 명, 2023년 1분기 8600만 명으로 나타났다. 2023년 12월 9일에는 투자그룹 레드버드 캐피털과 미디어업체 스카이댄스가 파라마운트를 인수할 것이라는 소식이 들려왔다.

2) 폭스의 투비

투비는 2014년 4월 1일 서비스를 시작한 FAST 플랫폼(https://tubitv.com)으로 현재 미국의 미디어 기업 폭스(Fox Corporation)가 보유 중이다. 5만 개가 넘는 무료 영화와 TV 콘텐츠를 제공하는 점을 앞세워 "미국에서 가장 큰 콘텐츠 라이브러리"라고 마케팅한다. 전용 TV앱을 제공 중이기 때문에 휴대폰, 스마트TV, 스트리밍 기기에서 스트리밍해 이용할 수 있다.

본사는 현재 캘리포니아주 샌프란시스코에 있다. '투비'는 긴 트럼펫인 악기 튜바(tuba)와도 관련이 있는 '튜브(tube)'나 '관(pipe)'을 뜻하는 라틴어 '투부스(tubus)'의 복수형이다.

투비의 창업자는 폭스가 아닌 샌프란시스코의 비디오 기술 스타트 업체 애드라이즈(AdRise)의 파르하드 마수디(Farhad Massoudi)와 토머스 안 힉스(Thomas Ahn Hicks)였다. 이들은 2010년 애드라이즈를 설립해 운영하던 중 미디어 시장의 동향과 FAST 사업의 가능성을 읽고 투비를 론칭했으며, 이를 2014년 폭스가 인수함으로써 오늘에 이르렀다.

그림 4-8 | 투비가 선보이는 콘텐츠들

자료: 투비.

애드라이즈의 투비는 2014년 라이온스게이트(Lionsgate), 엠지엠(MGM), 점프 캐피털(Jump Capital), 코타 캐피털(Cota Capital), 파운데이션 캐피털 (Foundation Capital), 스트림라인 벤처(Streamlined Ventures) 등으로부터 3400만 달러(약 443억 원)를 투자받아 FAST 서비스를 시작한 것이다.

폭스가 투비 TV를 인수한 것은 전적으로 콘텐츠 경쟁력 강화 때문이었다. 폭스는 경영 합리화 차원에서 2018년 디즈니에 방송과 뉴스 사업체만 빼놓고 21세기폭스사의 영화사업과 TV 스튜디오, 훌루의 지분, 케이블 네트워크 FX(Fox Extended), 내셔널지오그래픽(National Geographic) 채널, 지역 스포츠 채널, 해외 채널 스카이 PLC(Sky Public Limited Company, 현재 이름은 'Sky Limited') 등을 모조리 매각했다.

이런 결정은 미디어 시장의 급격한 변화에 따라 콘텐츠 경쟁에서 밀리는 '경영 위기'로 귀결되었다. 그러자 2020년 북미 최대 FAST 업체로

그림 4-9 | 투비의 2019~2023년 국제 수준 MAU 증가 추이

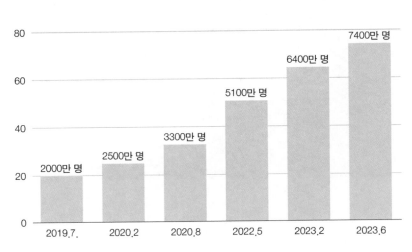

자료: Statista(2023).

성장하고 있던 투비를 4억 4000만 달러(약 5738억 원)에 인수했다. FAST 사업이 북미 방송 시장의 대세인 상황에서 폭스가 보유한 영화, 방송 콘텐츠와 투비의 이용자 네트워크 확장세를 결합하면 시너지 효과가 클 것으로 판단한 것이다.

통계 사이트 '스태티스타(Statista)'에 따르면 투비는 폭스에 인수될 당시인 2014년 월간 활성 이용자 수가 FAST 시장에서 최고 수준인 2500만 명이었다(Dixon, 2023). 2020년 8월에는 3300만 명, 2022년 5월에는 5100만 명, 2022년 말 6400만 명, 2023년 6월에는 7400만 명으로 비약적인 성장을 보였다. 2014년 대비 약 3배 성장했고, 2023년을 기준으로 최근 3년

만에 4000만 명 이상의 MAU를 기록한 것이 눈길을 끈다(Dixon, 2023). 2023년 상반기 스트리밍 시간은 40억 시간을 돌파했다.

고속 성장세인 투비도 약점은 있다. 주요 콘텐츠 제작사가 제공하는 수천 시간 분량의 자료가 있지만 최신 오리지널 콘텐츠가 거의 없다는 점(Cole, 2023)과 종종 발생하는 기술적 오류 문제다. 현재 안드로이드 운용 체제 등에서 투비의 TV 앱이 열리지 않고 작동하는 경우 버퍼링되는 경우가 있다고 종종 지적된다.

투비 측은 자신들은 최고의 스트리밍 기술을 적용 중이고 개인화 엔진에 최적화한 서비스를 제공하고 있기 때문에 전혀 문제가 없다는 입장이다. 버퍼링은 인터넷 연결이 너무 느린 경우, 네트워크에서 데이터의 전달을 촉진하는 중계 장치인 라우터(router)가 비디오를 인터넷으로 전송하는 속도가 너무 느릴 경우 각각 발생한다고 한다.

3) 로쿠의 '로쿠TV'

로쿠(Roku)는 FAST 사업의 선두 주자로 회장 겸 CEO인 앤서니 우드(Anthony Wood)가 2002년 10월 미국 캘리포니아 산호세에서 설립했다. 법인은 2008년 2월부터 법인세 감면 혜택이 큰 델라웨어로 변경 등록했다. 2023년 현재 7580만 명이 이용하는 채널이다.

회사 이름 '로쿠'는 일본어 '6(ろく)'에서 따온 것인데, 로쿠는 그가 '창업한 여섯 번째(sixth) 회사'이기 때문에 이렇게 작명했다. 앤서니는 "우리 임무는 세계 전체 TV 생태계에 대한 액세스를 제공하는 스트리밍 플랫폼이 되는 것"이라는 포부를 밝혔다.

그림 4-10 | 로쿠TV의 초기 화면

자료: 로쿠.

로쿠는 원래 OTT 박스, 스틱, 스마트TV 등 다양한 스트리밍 장치를 판매하다가 2017년부터 TCL 등 다른 제조업체에 '로쿠 OS'를 제공하는 사업을 하면서 FAST 서비스 사업에 눈을 떠 '로쿠TV'를 론칭했다. 새로운 디지털 플랫폼으로서 FAST 사업의 가능성을 보고, 자사 플랫폼을 도입한 단말기를 대상으로 자체 FAST 채널 '로쿠채널(Roku Channel)'도 선보였다.

로쿠는 현재 미국, 캐나다, 멕시코, 유럽 국가 일부를 중심으로 로쿠 스트리밍 장치를 활용해 시청이 가능한 방송 서비스를 하고 있는데, 향후 다른 권역으로 확대할 예정이다. 로쿠TV에서는 쇼, 영화, 라이브 TV, 스포츠, 지역 뉴스, 음악 등을 즐길 수 있다. 자체 채널인 '로쿠채널'은 물론 넷플릭스, 디즈니플러스, 파라마운트플러스, 훌루, 맥스, 피콕, 투비, 유튜브TV, 스펙트럼 등 연계 채널의 콘텐츠를 모두 시청할 수 있다.

로쿠TV를 시청하려면 로쿠 OS가 포함된 로쿠 플레이어, 로쿠 스트리밍 스틱 및 로쿠 스트림바(Streambar)를 가동하면 된다. 즉, 로쿠 스트리밍이 이미 내장된 로쿠TV, 스트리밍 장치인 로쿠 플레이어를 설치한 기존 TV, 전용앱을 설치한 모바일에서 모두 시청 가능한 것이다.

FAST 사업자로서 핵심수익 모델은 콘텐츠를 보는 시청자를 타깃으로 한 광고 수익과 콘텐츠 제공 업체와의 광고 수익 배분이다. 이를 위해 2019년부터는 광고 기술, 데이터 분석, 데이터 기공에 초점을 맞춰 FAST 서비스와 연계한 광고 매출 증진에 주력했다.

어도브(Adobe), 애드 클라우드(Ad Cloud)와 제휴해 이용자 맞춤형 광고 연결 기술을, 마케팅 회사인 이노비드(Innovid)와는 협업해 송출된 광고 효과를 측정하는 기술을 각각 개발했다. 엠지엠, 파라마운트, 소니픽처스, 디즈니 등의 IP들과는 광고 수익을 일정 비율로 나누는 '윈윈 전략'을 가동했다.

로쿠는 2017년 9월 28일 '로쿠'라는 상호로 나스닥에 상장했다. IPO 가격은 주당 14달러였다. 미국 텍사스 A&M대 전기공학과를 졸업한 창업자 앤서니 우드는 디지털 비디오 레코더(DVR)를 발명하고 최초의 DVR인 리플레이TV(ReplayTV)를 설립해 다이렉TV(DirecTV)에 매각할 때까지 사장 겸 CEO를 지냈다. 그 전에는 인터넷 소프트웨어 회사인 주식회사 아이밴드(iband inc.)의 공동 설립자 겸 CEO, 매크로미디어(Macromedia)의 인터넷 저작 담당 부사장, 디지털 미디어 하드웨어 및 소프트웨어 업체 선라이즈 인더스트리(SunRize Industries)의 설립자 겸 CEO를 지냈다.

로쿠는 로쿠 브랜드 TV의 판매, 콘텐츠 배포, 비디오 광고 분야가 선순환하면서 2023년 3분기 매출이 9억 1200만 달러로 전년 대비 20% 증가했다. 플랫폼 부문 매출은 7억 8700만 달러로 전년 동기 대비 18% 늘었다. 순익은 3억 6900만 달러로 전년 동기 대비 3% 증가했는데, 구조조정 비용을 제외하면 전년 동기 대비 22%나 증가한 수치다.

로쿠의 보고서에 따르면 이용자 활성 계정은 2019년 2분기 3000만 개, 2020년 5400만 개에서 2023년 3분기 7580만 개로 집계되어 2023년 2분기보다 230만 개나 순증했다. 2023년 3분기 스트리밍 시간은 267억 시간으로 전년 동기 대비 49억 시간이 늘어났다.

이용자당 평균수익(ARPU, Average Revenue Per User)은 41.3달러(12개월 추적 기준)로 전년 동기에 비해 7% 하락했다. 그러나 이는 경쟁업체인 비지오가 거둬들이는 ARPU 금액의 두 배가 넘는 수준이다. 기업이 영업 활동으로 벌어들인 현금 창출 능력인 EBITDA(Earnings Before Interest, Taxes, Depreciation and Amortization)는 4300만 달러였다.

4) 앨런 미디어 그룹의 '로컬나우'

'로컬나우(Local Now)'는 엔터테인먼트 스튜디오(Entertainment Studios)의 자회사인 웨더그룹(The Weather Group, LLC)이 2016년 1월 25일 웹 TV인 '슬링TV(Sling TV)' 가입자 대상 인터넷 TV 서비스로 론칭해 FAST 채널로 확장시킨 디지털 플랫폼이다. 유료방송 해지자들에게 풍성한 무료 채널임을 마케팅 포인트로서 강조하여 유인한다. 현지 뉴스, 날씨, 이벤트 정보에 특화되어 있다.

코미디언 겸 프로듀서인 바이런 앨런(Byron Allen)의 앨런 미디어 그룹(Allen Media Group)이 2018년 2억 달러(약 2616억 원)에 인수해 소유하고 있다. 로컬나우는 현지 매체인 '디지데이(Digiday)'가 주최한 '2023년

그림 4-11 | 로컬나우의 이용자 인터페이스

자료: 로컬나우.

비디오 및 TV 어워드'에서 경쟁자인 훌루, 파라마운트플러스, 투비를 제치고 '최고의 스트리밍 서비스'로 선정되어 FAST 업계의 새로운 선두 주자로 인정받게 되었다. 월간 활성 사용자 수는 2023년 말 현재 1500만 명이 넘는다.

로컬나우는 225개 이상의 일일 뉴스 클립과 지역 날씨, 450개가 넘는 채널과 1000개가 넘는 할리우드 영화를 무료로 서비스하고 있다. 아울러 뉴스·기상·교통정보를 제공하는 '로컬나우뉴스(Local Now News)'를 독립채널로 론칭해 유튜브TV, 슬링TV, 푸보(Fubo)처럼 라이브 TV 플랫폼으로 운영한다. 로컬나우는 로쿠, 애플TV, 아마존 파이어TV, 엑스피니티, 비지오, 삼성, 안드로이드TV(Android TV) 등 안드로이드 및 iOS 기기의 앱을 통해 이용할 수 있다.

로컬나우는 북미 시장에서 플루토TV, 투비TV와 경쟁하고 있는데, 주문형 스트리밍 콘텐츠 라이브러리가 경쟁사에 비해 압도적으로 풍부하고, 사명의 'Local'이라는 어휘가 상징하듯 지역 뉴스 공급의 최강자라는 평가다. 회사 측도 라이브스트림과 주문형으로 전국 뉴스, 법정물, 코미디, 공포, 여행 장르를 포함해 스트리밍 가운데 최다 무료 채널을 제공한다고 강조한다.

앨런 미디어 그룹은 로컬나우 채널 외에도 실시간 방송, 하이퍼 로컬 뉴스(hyper-local news), 날씨, 교통, 스포츠 및 라이프스타일 정보를 제공하는 웨더채널(THE WEATHER CHANNEL)과 콘텐츠 파트너가 운용하는 FAST 서비스인 GRIO, HBCUGO를 소유하고 있다. 로컬나우는 FAST 채널 시청률의 33%가 뉴스에서 나오고 있으며, 그 가운데 지역 뉴스가 가장 큰 부분을 차지한다고 보고 자사의 지역 뉴스 강화에 심혈을 기울여 왔다.

파트너 '슬링TV'는 나스닥 상장사인 디시 네트워크(Dish Network)의 완전 자회사인 '슬링TV LLC(Limited Liability Company)'가 2015년 2월 9일 정식으로 출시한 세계 최초의 앱 기반 TV 서비스다. 쉽게 풀이하면 우리나라의 '아프리카TV'와 유사한 인터넷 라이브 방송 채널이다. 디시 네트워크는 HD급 로컬 TV 스트리밍 채널인 '에어TV(AirTV)'를 운영하는 '에어TV LLC'도 자회사로 소유 중이다.

슬링TV는 미국의 50개 지역과 미국령인 푸에르토리코에서만 볼 수 있다. 2021년 8월 기준 가입자 수는 244만 명이다. 현재는 인터넷 스트리밍을 통해 400개 이상의 라이브 TV채널과 헬스 키친, 워킹데드 등과 같은 4만 개 이상의 주문형 쇼와 영화를 볼 수 있는 FAST 플랫폼으로 성장했다.

앨런 미디어 그룹의 로컬나우는 '가장 현지화된 뉴스와 엔터테인먼트 플랫폼'을 구축하겠다는 계획에 따라 CBS, NBC 유니버설 등 전국 네트워크를 갖춘 거대 미디어 기업과 파트너십을 체결해 긴밀하게 협업하고 있다. FAST 산업이 더 크게 성장할 것이라고 내다보고 북미 전역을 그물망처럼 촘촘하게 엮는 확장 전략에 나선 것이다. 특히 히스페닉이 적지 않은 미국인의 인구 구성과 스페인 문화권이 많은 중남미권 진출 등을 고려해 영어와 스페인어 뉴스 채널을 대거 편성 라인에 확보해 영어와 스페인어 무료 로컬 뉴스의 선두 주자임을 과시하고 있다.

로컬나우는 2023년 9월 15일 CBS를 플랫폼에 탑재하는 한편, 자사 FAST 플랫폼에 12개 이상의 지역 뉴스를 하는 CBS 방송국을 포함한 CBS 채널 18개를 추가했다. 여기에는 CBS 뉴스 스트리밍과 CBS 스포츠(24시간 축구 전용 채널), CBS 미디어 벤처스의 인사이드 에디션(Inside Edition), 마사 스튜어트(Martha Stewart), 에머릴 라가세(Emeril Lagasse) 등 생활정보에 중점을 둔 다블(Dabl)이라는 엔터테인먼트 채널이 포함된다.

NBC 유니버설로부터는 2023년 1월 국내외 속보를 전하는 'NBC뉴스나우', 유명인 인터뷰, 음식, 요리법 등을 제공하는 '투데이 올 데이', 범죄의 미스터리, 다큐멘터리, 심층 조사 등을 보여주는 '데이터라인'이라는 3개 채널을 콘텐츠 서비스 라인에 추가했다. 이어 같은 해 9월부터는 수상작인 시리즈 아메리칸 그리드와 락업이 출연하는 'NBC 유니버설 아메리칸 크라임(American Crime)' FAST 채널과 새로운 라이프스타일 엔터테인먼트 네트워크인 'NBC LX 홈(NBC LX Home)'을 공급받았다.

이와 동시에 뉴욕(WNBC), 워싱턴 D.C.(WRC), 로스앤젤레스(KNBC), 시카고(WMAQ), 필라델피아(WCAU), 댈러스·포트워스(KXAS), 보스턴

(WBTS), 사우스플로리다(WTVJ), 샌디에이고(KNSD), 코네티컷(WVIT) 등
11개의 로컬 뉴스 FAST 채널, 텔레문도(Telemundo)의 스페인어 FAST
채널 등을 서비스 라인업에 추가했다.

5) 비지오의 '워치프리플러스'

비지오는 원래 미국 평판 TV 수상기 제조·판매와 FAST 채널 사업 부문
에서 각각 2위인 업체였다. 모든 사람이 최고의 가치를 지닌 최고의 기
술을 받을 자격이 있다는 믿음을 바탕으로 대만계 미국인 윌리엄 왕
(William Wang, 王蔚)이 2002년 창업해 최고경영자를 맡고 있다. 원래 TV
와 관련 하드웨어 업체였는데 2018년 FAST 플랫폼 사업에 뛰어든 것이
다. 현재의 사명인 비지오는 2004년부터 사용했다.

창업자 윌리엄 왕은 미국 서던캘리포니아대학 전기공학과 출신이다.
그가 FAST 플랫폼 사업에 뛰어든 배경은 TV를 판매하다가 그 판매량이
점차 감소했기 때문이다. 대안으로 새로운 '스마트 캐스트(SmartCast) TV'
를 출시해 케이블 및 구독 기반인 기존 인터넷 TV 서비스를 대체하고자 하
는 전략에서 2018년 8월 무료 스트리밍 서비스인 '워치프리(WatchFree)'
[현재는 업그레이드 버전인 워치프리플러스(WatchFree+) 운용]를 출시했다.

비지오는 FAST 사업 착수 당시 "유료방송이나 유료 사이트를 해지하
는 코드 커터가 늘어나는 현실을 직시해 워치프리는 전면에 끝없는 엔
터테인먼트 선택권을 내세우고 타의 추종을 불허하는 무료 시청 경험을
고객들에게 제공할 것"이라고 강조했다.

윌리엄 왕은 억만장자로 알려져 있으나 '불타는 비행기'에서 살아남은

그림 4-12 | 비지오의 초기 화면

자료: 비지오.

신화적 인물로 더 유명세를 얻었다. 2000년 10월 31일 싱가포르에서 타이베이를 거쳐 LA로 가던 싱가포르항공 소속 보잉 747-400기(006편)가 기상 악화 탓에 이륙하다가 공사 중인 활주로로 잘못 진입하면서 작업 차량과 충돌하며 화재까지 발생하는 바람에, 탑승자(승객과 승무원) 179명 가운데 83명이 숨지고 71명이 부상하는 대형 사고를 냈다. 윌리엄 왕은 당시 충돌로 발생한 화재로 인해 일산화탄소에 중독된 부상자로, 극적으로 목숨을 건진 96명 가운데 한 명이었다.

그는 이 사고로 그간의 사업을 접고 지내다 삶을 재정비해 2002년 동업자 레이니 뉴섬(Laynie Newsome), 켄 로우(Ken Lowe)와 함께 60만 달러(약 7억 8000만 원)를 투자했다. LCD HDTV 제조·판매사 'V(V Inc.)'를 창업한 것이다. 주로 소니, LG전자, 삼성전자 등으로부터 부품을 구입해 TV를 만들었는데, TCL과 같은 경쟁사의 절반 수준인 가격, 높은 품질,

유통 경로 간소화, 탁월한 고객 지원이라는 전략으로 승부해 2020년 기준 미국에서 두 번째로 큰 평판 TV 판매업체로 부상했다.

특히 TCL 로쿠 4 시리즈와 같은 최고 사양의 스마트TV 시스템은 갖추지는 못했지만, 돌비 비전, Wi-Fi 6E 지원, 게임을 위한 가변적 새로 고침 등의 특화 기능이 판매에 유리하게 작용했다. 2021년 3월 1일 기준으로 1100만 개 이상의 사운드바와 8000만 대 이상의 TV를 판매했다. 그러나 자사 TV 출하량이 2020년 210만 대에 비해 2021년 140만 대로 36% 포인트나 감소하자 FAST 사업에 더욱 박차를 가하고 있다.

'V Inc.'의 발음이 어렵다는 지적에 따라 2004년 사명을 '비지오'로 바꿨다. 현재 본사는 캘리포니아 어바인에 있으며 뉴욕, 샌프란시스코, 덴버, 다코타 던즈, 댈러스, 시애틀의 7개 사무실을 두었다. 비지오의 FAST 서비스인 '라이브 TV'와 '비지오 워치프리플러스'를 이용하면 시청 기기나 선호하는 앱을 가동해 260개 이상의 라이브 채널과 6000개 이상의 쇼, 영화, 뉴스, 스포츠, 음악 콘텐츠를 무료로 즐길 수 있다.

비지오가 생산하는 스마트TV의 경우 안테나 또는 동축 케이블(coax cable)을 연결하면 워치프리플러스를 통해 지상파 채널에 무료로 접속할 수 있다. 워치프리플러스는 30분 간격으로 분할된 그리드로 영화, TV 쇼 등 개별 콘텐츠에 대한 설명을 덧붙여 보여주는 것이 특징이다.

스마트TV에는 '비지오 TV' 앱이 내장되어 라이프스타일에 적합한 제품을 선택해 클릭하면 이용에 문제가 없다. 그 가운데 '퀀텀 프로(Quantum Pro)' 사양을 갖춘 스마트TV에서 최고급 서비스를 누릴 수 있다. '스마트 캐스트(Smart Cast)'는 모든 비지오 TV가 가동되는 스마트TV OS로, 이를 설치하면 무료 TV부터 프리미엄 채널까지 무한한 접속 시청이 가능하다. '비지오그램(VIZIOgram)'을 이용하면 연인, 지인과 사진 및 비디오를 비지오 TV로 직접 공유할 수 있다.

비지오는 FAST 사업의 원활한 전개를 위해 사내에 '비지오 워치프리플러스 2'와 광고 및 데이터 사업을 맡는 '인스케이프' 전담 부서를 각각 두었다. 이용자들에게 최고 해상도의 가장 세밀한 사진, 최고의 오디오, 모두를 위한 최고의 엔터테인먼트 경험을 제공하는 것을 목표로, 마케팅을 할 때 미국적 가치와 지역 사랑을 강조한다. 미국에서 미국 자본으로 설립되었기에 토종 기업으로서 미국적 가치를 앞세우는 것이며, 창립 지역이 캘리포니아 어바인이기 때문에 캘리포니아 역사를 자랑스럽게 여긴다.

현재 비지오에서는 TD 에머리트레이드 네트워크(Ameritrade Network), 블룸버그 오리지널(Bloomberg Originals), CBC 뉴스, 체다 뉴스(Cheddar NEWS), CNN 리플레이, FOX 날씨, 폭스의 라이브나우(LiveNOW), NBC 뉴스나우(News NOW), 로이터(Reuters), 스크립스 뉴스(Scripps News), 더 힐(The Hill), USA 투데이, 웨더 네이션(Weather Nation) 등 다양한 권역의 뉴스 채널도 볼 수 있다.

채널 수 기준으로 2021년 하반기 플루토TV에 이어 2위로 부상했다. 계정을 보유한 이용자 1인의 연간 지출액은 2020년 10달러 44센트에서 2021년 19달러 89센트로 거의 두 배 늘었다. MAU는 2021년 3월 1일 기준 1200만 개 이상이며, 2022년 말 기준으로는 1700만 개 이상이다. 이는 2021년 말 대비 230만 개나 성장한 것이다.

FAST 사업의 특징은 워치프리플러스 플랫폼에서 사용자 참여도를 높여 광고주의 관심을 촉진하는 데 활용하는 전략이다. 독특하게도 업데이트된 인터페이스를 통해 광고주들이 프로그래밍 가이드 내에서 문맥에 맞는 광고 콘텐츠를 선보일 수 있다. 이런 점이 광고주들에게 매력을 끌어 2023년에만 2억 달러(약 2608억 원)의 사전 계약을 했다. 현재 비지오 전체 매출액 가운데 FAST 플랫폼 사업의 비중은 30%다. 회사 측은 곧 20억 달러(약 2조 6080억 원) 규모의 가치를 지닌 회사로 성장할 것이라고 밝혔다.

6) NBCUniversal의 '피콕'

NBC 유니버설(약칭 NBCU)의 스트리밍 서비스는 '피콕(Peacock)'이다. 사실 이 플랫폼은 '무늬만 FAST'인데, 유료 구독자 수가 2800만 명이나 된다. '피콕'이라는 이름은 미디어 네트워크의 컬러 프로그래밍 'NBC유니버설'을 강조하기 위해 1956년 처음 사용된 NBC 로고(공작의 날개 모양)의 이름을 따서 명명한 것이다.

피콕을 보다 구체적으로 설명하면 NBCU텔레비전과 스트리밍의 자회사인 피콕 TV LLC가 소유하고 운영하는 미국의 OTT 비디오 스트리밍 서비스다. 피콕은 2020년 7월 15일에 서비스를 시작했다. 사업 초기에는 무료인 FAST 서비스를 자사의 광범위한 쇼, 영화, 스포츠 및 오리지널 컬렉션의 영역에서 제공했다.

그러나 주요 미디어 그룹이 FAST 사업에 가세해 장점이 줄어들자 피콕은 역발상으로 '무료 버전' 서비스를 중단했다. FAST 서비스를 없애버린 것이다. 다만, 이용자의 혼란과 피해를 줄이기 위해 2023년 2월 이전의 무료 요금제 가입자는 일부 콘텐츠에 한해 무료로 이용할 수 있게 했다. 피콕은 현재 미국 권역에서만 서비스하는데, 이용하려면 스트리밍

그림 4-13 | FAST 서비스를 폐지한 NBCUniversal의 '피콕'

자료: 피콕.

장치가 필요하다.

피콕은 '이용자들이 좋아하는 문화를 정의하는 모든 엔터테인먼트를 한곳에서 제공하는 것'을 모토로 한다. 서비스하는 콘텐츠는 뉴스, 히트 영화, 새 영화 등 독점 오리지널, NBC & 브라보(Bravo)의 히트작, 라이브 스포츠, 〈옐로우스톤(Yellowstone)〉, 〈뉴 걸(New Girl)〉, 〈우리 생애 나날들(Days of Our Lives)〉를 포함한 수천 개의 TV 프로그램과 미국의 최신 프로그램이다. 우리나라에서도 인기가 높은 〈새터데이 나이트 라이브(SNL)〉, 〈아메리카 갓 탤런트(America's Got Talent)〉, 〈더 보이스 (The Voice)〉와 같은 NBC의 시리즈물이 인기 상위에 있다.

피콕 서비스를 운영 중인 NBCU는 컴캐스트의 자회사로 글로벌 미디어 및 엔터테인먼트 그룹이다. 사업 분야는 영화(유니버설 필름 엔터테인먼트 그룹과 유니버설 스튜디오 그룹), 텔레비전(NBC, NBC 뉴스, MSNBC, CNBC, NBC 스포츠, 텔레문도, NBC 로컬 스테이션, 브라보, USA 네트워크), 테마파크(유니버설 데스티네이션스 앤 익스피리언스), 스트리밍 서비스(피콕)에 걸쳐 제작과 배급을 한다.

피콕에서는 NBC와 유니버설스튜디오 콘텐츠, 피콕 오리지널이 방송되는데, 처음에는 서비스가 '광고 기반 무료 버전'(공개 콘텐츠 제한), '광고 포함 유료 버전'(4.99 달러, 컴캐스트 구독자는 무료), '순수 유료 버전'(광고 제외 유료 버전)의 세 가지로 출시되었다. 그러나 NBCU의 경영전략 변화에 따라 2023년부터 FAST 버전을 없애고 '전면 유료화'했다. 이에 따라 2023년 유료 서비스인 '프리미엄 요금제'는 연간 49.99달러에서 59.99달러로, 오리지널 콘텐츠가 많은 고급 유료 서비스인 '프리미엄 플러스' 요금제는 연간 99.99달러에서 119.99.2023달러로 각각 인상했다.

피콕 부문의 경영 실적은 '구독자의 증가세, 여전히 높은 손실'이라는 말로 요약할 수 있다. NBCU 모회사 컴캐스트의 2023년 3분기 실적에 따르면 스트리밍 분야인 피콕의 매출은 전년 동기 대비 64% 증가한 8억 4000만 달러로 집계됐다. 가입자도 지난 분기 400만 명을 추가해 전년 동기 대비 약 80% 순증한 2800만 명으로 나타났다. 손실도 3분기에만 5억 6500만 달러를 기록했다. 전년 동기의 손실액은 6억 1400만 달러였다.

이용 가능한 스트리밍 서비스가 늘어나면서 경쟁을 이겨내기 위해 콘텐츠 수급에 그만큼 많은 돈을 쓴 것이 원인이다. 지금은 끝났지만 2023년 작가 파업도 지난 시즌보다 시청률이 11%나 증가한 인기 콘텐츠 〈새터데이 나이트 라이브(SNL)〉의 수급 차질과 손실 증가에 부분적으로 영향을 미쳤다.

피콕 서비스의 장점은 NBCU가 만드는 다채로운 콘텐츠를 활용할 수 있다는 점이다. 특히 피콕의 프로그램 수요 비중(37%)은 다른 플랫폼을 앞선다. 그러나 오리지널 콘텐츠의 양과 수요의 측면에서 경쟁자인 '훌루'를 비롯한 다른 플랫폼에 뒤처져 있다. 신규 스트리밍 콘텐츠 선점이 과제라는 것이다. NBCU는 극장과 피콕에서 동시에 개봉한 공포 영화 〈프레디의 5일간(Five Nights at Freddy's)〉에 대한 기대감이 높아 활로가 마련될 것으로 내다보고 있다.

7) CNN의 'CNN 패스트'

'글로벌 1위' 뉴스 채널을 자부하는 미국의 24시간 뉴스 채널 CNN도 'CNN 패스트(Fast)'란 이름의 FAST 서비스를 시작했다(Erdozain, 2023). 방송 시장의 주도권이 케이블TV에서 FAST로 전환되고 있음을 감지하고 이를 현명하게 수용한 것이다. 사업 모델은 스마트TV 제조·판매 업체 등이 운용하는 다른 FAST 플랫폼에 패널 행태로 입점·서비스하는 형태다.

뉴스 이벤트, 비즈니스, 엔터테인먼트, 스포츠 및 환경 이슈에 걸친 국제적인 콘텐츠가 주류다. 스토리텔링 전달 기법을 특징으로 하는 짧은 형식(short form)의 비디오로 구성된 큐레이션 채널이다. CNN 패스트의 콘텐츠는 CNN 기자들이 직접 관리하고 클라우드 기반 스트리밍 솔루션 제공업체인 아마기(Amagi)의 기술을 사용해 큐레이팅한다.

즉, 시청자에게 CNN의 저널리즘과 스토리텔링을 경험할 새로운 방법을 제공하는 것이다. 신속, 간결, 유익, 재미를 앞세운 비디오의 역동적

그림 4-14 | CNN 패스트의 로고

자료: CNN.

인 스케줄과 3분에서 6분 사이의 영상으로 전달되는 더 짧아진 형식의 콘텐츠는 특히 젊은 시청자를 겨냥했다. CNN 측은 뉴스와 라이프스타일 콘텐츠 혼합으로 기존의 CNN 콘텐츠 소비 방식을 디지털, 선형, 오디오 및 소셜 미디어 플랫폼을 통해 보완할 것이라고 전망했다.

CNN 패스트가 입점하는 주요 FAST 플랫폼은 커넥티드TV(CTV) 공간에 있는 삼성TV플러스, LG채널스, 라쿠텐TV(Rakuten TV)다. CNN 패스트는 이런 방식으로 2022년 미국에서 시작해 2023년 5월 말부터 영국까지 서비스를 론칭했다. 2024년에는 호주, 벨기에, 덴마크, 독일, 프랑스 등으로도 확대할 예정이다. 유럽의 경우 가장 먼저 라쿠텐 TV를 통해 여러 국가에서 볼 수 있게 되었다. 2023년 5월 24일부터 LG채널에서, 6월에는 삼성TV플러스에서도 이용할 수 있게 되었다.

유튜브 등에 무료로 뉴스 콘텐츠를 공급하지 않던 CNN이 이제는 광고 시청을 대가로 무료 콘텐츠를 제공하는 FAST 채널에 진출했다는 것은 시사하는 바가 크다. FAST 채널 사업을 통해 각종 기기와의 연결을 늘려 이용자를 증가시키면 광고나 브랜드 파트너에게 새로운 광고 포맷과 타기팅 기능을 제공하면서 수익이 크게 확대될 것으로 내다봤기 때문이다.

CNN 패스트는 영국 외에도 오스트리아, 벨기에, 덴마크, 핀란드, 프랑스, 독일, 아일랜드, 이탈리아, 룩셈부르크, 네덜란드, 노르웨이, 포르투갈, 스페인, 스웨덴, 스위스에 제공되며 2024년에는 삼성TV플러스와 플루토TV가 제공하는 미국의 FAST 서비스를 기반으로 더 많은 국가와 플랫폼으로 서비스를 확대할 계획이다.

8) 아마존의 '파이어TV 채널'

아마존의 FAST 서비스는 '파이어TV 채널(Fire TV Channels)'이다. FAST 서비스 업체 가운데 뒤늦게 사업에 뛰어든 사례다. 아마존은 콘텐츠 서비스 채널인 '아마존 프리비(Amazon Freevee)'를 운영 중인데, 그 구성은 유료인 '오리지널(Originals)'과 무료인 FAST 채널 '파이어TV 채널'로 나뉘어 있다(Cineverse Corp., 2023).

아마존은 2023년 8월 22일부터 파이어TV 채널 전용 앱을 출시했다. 동시에 파이어TV 고객에게 ABC 뉴스, CBS 스포츠, 폭스 스포츠, MLB, 마사 스튜어트 등 400여 개의 FAST 채널을 감상할 수 있게 했다. 이 채널에서는 영화, 스포츠, 뉴스, 엔터테인먼트, 요리, 게임 등 다양한 장르에서 수천 개의 라이브 및 주문형 콘텐츠에 스트리밍으로 빠르게 접근할 수 있다.

이 서비스는 파이어TV 브랜드의 스마트TV와 스트리밍 기기에서 이용할 수 있다. 파이어TV, 프라임 비디오, 프리비 앱을 통해 모바일 기기에

그림 4-15 | 아마존의 '파이어TV 채널'

자료: 파이어TV.

서도 이용이 가능하다. '파이어TV'라는 스틱(스트리밍 장치)을 이용해 CTV에서 FAST 채널을 시청할 경우에도 다운로드가 필요 없이 '파이어 TV 채널 재생(Play Fire TV Channels)'을 요청해 앱을 열고 이용하면 된다.

파이어TV 채널은 2023년 상반기 최고 시청률을 기록하며 플루토TV, 투비, 로쿠채널, 크래클 등 경쟁사보다 비교적 뒤늦었지만 좋은 성적으로 FAST 시장에 당당히 신고를 했다. 삼바TV(Samba TV)에 따르면 파이어TV 채널의 2023년 상반기 시청률은 전년 동기 대비 11%나 증가했다.

아마존은 원래 '파이어TV(Amazon Fire TV)'라는 디지털 미디어 플레이어와 마이크로 콘솔을 만들어 팔았다. 이 상품은 인터넷을 통해 스트리밍되는 디지털 오디오와 비디오 콘텐츠를 고화질 텔레비전으로 전달하는 작은 스트리밍 장치다. 그러다가 연관 분야 사업 확장 전략에 따라 FAST 서비스의 가능성을 뒤늦게 확인하고 채널 사업에 진출했다.

파이어TV 채널은 후발 업체인 만큼 버라이어티, 롤링 스톤, 할리우드 리포터, 빌보드, 게임스팟, 루퍼, 퍼니 오어 다이 등과 같은 신규 콘텐츠 제공업체로부터 오리지널 콘텐츠를 수급하고, 향후에도 FAST 채널을 계속 추가할 계획이다. 특히 워너브라더스 디스커버리와 MGM가 제공하는 23개의 신규 FAST 채널 등을 통해서도 수백 개에 달하는 아마존 오리지널 시리즈를 출시할 예정이다.

9) 컴캐스트의 '나우TV'

미국의 케이블TV 1위 업체이자 미국에서 최대의 인터넷 서비스 제공업체인 컴캐스트의 방송 부문 자회사 '엑스피니티TV'가 2023년 5월 23일 FAST 시장에 진출했다(Business Wire, 2023). FAST 서비스 기능이 추가된 패키지 '나우TV(Now TV)'를 내놓은 것이다.

나우TV는 케이블TV 대신 기존 케이블TV 구독료의 3분의 1 수준의 이용료(20달러, 이용료는 약 2만 6000원)로 무료 스트리밍 방송과 자사의 초고속 인터넷(Xfinity Internet), 유료방송을 하나로 묶어 구독할 수 있는 가상 유료방송 플랫폼인 다채널방송사업자(MVPD)다.

한마디로 온전한 FAST 전용 서비스가 아니라 비교적 저렴한 가격에 이용할 수 있는 FAST와 유료 케이블TV, 초고속 인터넷 서비스의 '결합상품(bundling)'인 것이다. 컴캐스트의 통신 부문 자회사인 엑스피니티 인터넷의 고객이라면 월 20달러로 이를 구입할 수 있는데, 별도의 장비가 필요하지 않고 언제든지 가입과 취소가 가능하다.

나우TV는 고품질의 영화, 쇼, 라이브 스포츠, 뉴스와 간단하고 편리한 엔터테인먼트 콘텐츠 제공을 목표로 한다. 이에 따라 A+E 네트워크(A+E Networks), AMC, 홀마크(Hallmark) 및 워너브라더스 디스커버리(Warner

그림 4-16 | 컴캐스트 엑스피니티TV의 FAST 결합상품 '나우TV'

자료: 나우TV.

Brothers Discovery)의 40개 이상 라이브 채널과 NBC, 스카이(Sky), 수모 플레이(Xumo Play) 등 20개 이상의 통합 FAST 채널을 제공하며, 추가 비용 없이 스트리밍 서비스인 피콕 유료 버전을 구독할 수 있게 했다. 기본 제공 40개 채널에는 재전송료와 콘텐츠 사용료가 높아 지역 지상파나 스포츠 채널은 포함되지 않았다.

20개 FAST 채널에 포함된 컴캐스트 본사의 글로벌 FAST 채널 수모를 통해 주력 콘텐츠인 미국 NBC 소유 케이블TV 채널과 지상파 채널, 국내의 전국 단위의 뉴스 채널, 지역 지상파TV를 볼 수 있다. 수모는 2020년 2월 26일 미국 컴캐스트가 인수한 190개 이상의 다양한 채널을 지닌 FAST 플랫폼으로 '수모 스트림 박스(Xumo Stream Box)'라고 불린다.

미국 펜실베이니아주 필라델피아에 본사를 둔 컴캐스트는 제품과 서비스에 대한 명확한 정체성 확립 및 이용자 친화성 향상을 위해 인터넷과 텔레비전 통합 브랜드인 '엑스피니티'로 리브랜딩하기로 했다. 여기서 'X'는 연결의 궁극적인 상징으로서 브랜드에 포괄성, 연결성, 감성적인 의미와 활력을 새롭게 가져준다는 의미다.

이에 따라 2010년 컴캐스트 초고속 인터넷은 '엑스피니티 인터넷'으로, 케이블인 컴캐스트 TV는 '엑스피니티TV'로, 컴캐스트 디지털 보이스는 엑스피니티 '엑스피니티 보이스(Xfinity Voice)'로 각각 재편했다. 대신 컴캐스트는 이들의 모회사로 남았다.

이런 컴캐스트가 OTT 브랜드인 피콕과 무료 FAST인 수모를 운용하고 있는 데다 자체 스마트TV와 Flex라는 커넥티드 단말 라인업도 갖추었는데, 무료인 FAST 서비스 기능이 추가된 '나우TV'라는 결합상품까지 내놓은 이유는 무엇일까. 그것은 최근 수년간 이어진 OTT의 강세, 무료인 FAST 서비스의 확산, 유료 케이블 서비스 가입자의 이탈이 심상치 않기 때문이다.

특히 FAST 서비스의 확산으로 향후 FAST 서비스가 기존 유료방송의 대체재가 되리라는 전망과 우려도 그런 서비스를 출시하게 된 배경으로 작용했다. 따라서 그간 이용자가 급증했던 OTT보다 상대적으로 저렴한 가격으로 제공해 기존 이용자를 다른 경쟁사에 뺏기지 않도록 묶어두는 '록 인(lock in)' 전략을 가동한 것이다.

FAST채널의 성장세는
어떠한가

1 FAST의 이용 기반인 '디지털 환경'은 어떠한가?

FAST 채널을 이용하려면 디지털 정보화 환경이 구축되어 있어야 한다. 우리나라의 경우 그 환경이 매우 양호한 편이다. 과학기술정보통신부와 한국지능정보사회진흥원(NIA)이 2023년 3월 31일 발표한 자료에 따르면 2022년 말까지 한국의 인터넷 보급률은 99.96%로 100%에 가까운 상태였다(과학기술정보통신부·한국지능정보사회진흥원, 2023; 김승한, 2023). 컴퓨터(81.0%), 스마트폰(98.6%)도 보급률이 매우 높다. FAST의 주력 시청 기기인 스마트TV 보유율은 63.5%로 일반 TV의 보유율(35.0%)보다 높았다. 스마트TV 보급율이 74%인 미국, 영국보다 우리나라가 낮은 것은 '디지털 강국'으로서 의아스럽지만, TV 가격이 낮아지면 급증할 것으로 보인다. FAST 육성 계획을 밝힌 정부가 내놓을 스마트TV 보급 지원책도 관심사다.

그러나 스마트TV의 국내 보급률(63.5%)은 글로벌 보급률(45%)보다 18.5% 포인트쯤 높은 수준이다. 스마트TV는 매년 판매되는 TV에서 95%를 차지하는데, 2023년 말까지 세계 각국에 12억 6000만 대(누적 통계)가 설치되었다(한보라, 2023; 김지산, 2023). 스마트TV는 '코로나-19' 시기 전염을 우려해 외출을 꺼릴 때 '고성능'과 '대형 화면'이라는 매력이 덧붙여져 구매 바람이 불었다. 넷플릭스 따위의 온라인 동영상 서비스를 보다 큰 화면으로, 영화관처럼 초실감을 느끼며 시청하고자 했던 욕구였다.

스마트TV는 이용자에게 FAST 서비스를 이용할 최적의 환경을 제공하지만, 최근 들어 스마트TV 매출이 부진한 가전업체에도 매우 고마운 존재다. 자사의 스마트TV를 고리로써 'TV 플랫폼 사업'에 신규 진출해 TV 수

그림 5-1 | FAST 채널의 시청 환경인 매체별 보급률(2022년 말 기준)

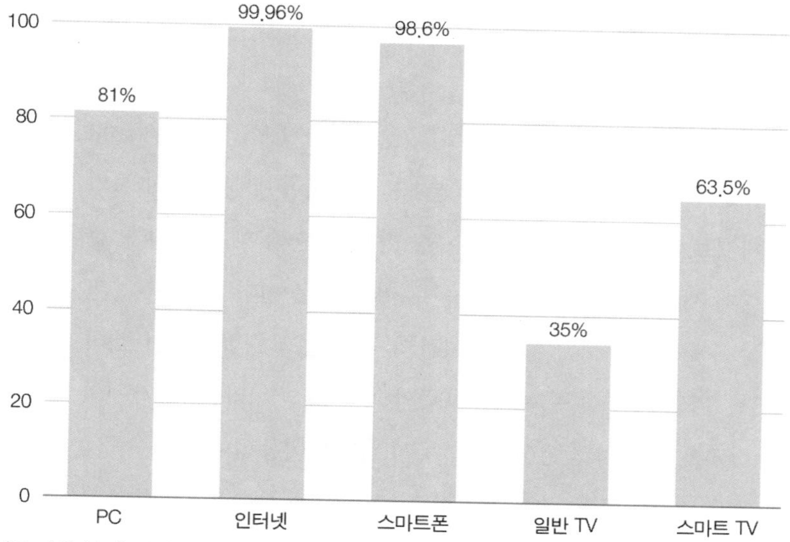

자료: 과학기술정보통신부·한국지능정보사회진흥원(2023).

상기가 한 대 한 대 팔리며 켜켜이 구축되는 '가입자 네트워크'를 바탕으로, 전략적으로 목표를 세분화한 표적 광고는 물론 콘텐츠와 데이터 기반의 사업을 통해 부가 수익 창출이 이뤄지는 만큼 판매율이 매우 중요하다.

정보화 활동과 관련해 여가 활동을 목적으로 인터넷을 이용하는 비율은 99.1%, 동영상 서비스 이용률은 96.1%, 5G 인터넷 접속률은 50.8%를 각각 기록했다. 소셜네트워크서비스 이용률은 69.7%, 스마트폰 앱으로 음악·전자책·웹툰을 이용하는 비율은 51.6%로 나타났다. 이어 스마트 가전 이용률은 14.6%, 사물인터넷(IoT) 이용률은 18.2%, 스마트워치 등 웨어러블 기기 이용률은 11.6%, 메타버스 서비스 이용률은 11.0%, 인공지능(AI) 서비스 이용률은 42.4%를 각각 기록했다.

2 동영상 콘텐츠 구독경제 시장의 판도는?

동영상 콘텐츠 구독경제 시장의 모습은 향후 FAST 채널 시장의 판도를 가늠할 중요한 지표다. FAST 채널은 이용자들에게 OTT의 보완재 또는 대체재로서 무료 서비스라는 가장 강력한 수혜 때문에 향후 콘텐츠 구독경제 시장의 판도를 바꿔놓을 수 있기 때문이다. 지난 10년간 세계 동영상 구독경제 시장은 '시청 시간의 구애 없음', '합리적인 소비로 비용 절감', '다양한 콘텐츠 제공', '선택의 자유 제공'이라는 네 가지의 절대적인 비교우위를 지닌 온라인 VOD 시장으로 이동했다.

과거 제왕처럼 군림하던 지상파 TV와 케이블TV 같은 레거시 미디어에서 구독 기반 주문형 비디오(SVOD) 시장으로 시청자들이 대거 이동하며 넷플릭스와 같은 '게임 체인저'를 탄생시켰다. 미국의 거대 미디어 그룹 가운데는 폭스만이 SVOD 사업에 뛰어들지 않았다. 폭스는 2019년 12월 월드디즈니컴퍼니(디즈니)에 인수되었는데, 디즈니는 폭스 인수 한달 전인 2019년 11월 북미와 네덜란드에서, 2021년 11월 한국에서 OTT 서비스(SVOD) '디즈니플러스'를 각각 론칭했다.

대표적으로 투자 자본에서 출발한 넷플릭스와 거대 미디어 그룹의 우산 아래 성장한 디즈니의 디즈니플러스, 엔비씨유니버셜의 피콕, 워너브라더스의 에이치비오플러스(HBO+), 애플의 애플TV플러스, 비아콤시비에스(ViacomCBS)의 파라마운트플러스가 OTT와 같은 'SVOD 전쟁'을 치르고 있다.

OTT를 위시한 SVOD 시장은 글로벌 수준에서 누적 가입자 수가 이미

7억 7000만 명[스트레티지어낼러틱스(Strategy Analytics) 2020년 3분기 글로벌 SVOD 신규 가입자 집계]을 넘어섰다. 디지털TV리서치가 138개국의 SVOD 서비스를 대상으로 조사한 2020년 9월 발표한 자료에 따르면 매출액 규모도 2020년 620억 달러(약 68조 원)에서 2025년에는 1000억 달러(약 132조 원) 규모로 성장할 것이라 전망된다.

VOD 차트와 세계 스트리밍 순위를 집계하는 플릭스패트롤(FlixPatrol)이 2023년 그간의 데이터를 다양하게 모아 재분석한 세계 OTT 플랫폼 구독자수 순위는 1위가 넷플릭스로 2억 4700만 명이었다. 세계 2~10위는 각각 아마존 프라임 비디오 2억, 디즈니플러스 1억 5000만, 텐센트 비디오 1억 2400만, 아이치이 1억 600만, HBO 맥스(HBO Max) 8200만, 파라마운트 6300만, 훌루 4850만, 애플TV플러스 4000만, 에로스 나우 피콕(Eros Now Peacock) 3990만 명이었다(FlixPatrol, 2023).

국내 업체인 웨이브는 2700만 명으로 세계 35위, 티빙은 2500만 명으로 세계 39위를 각각 나타냈다. 국내 업체의 경우 2021년 통계자료를 기준으로 삼았다고 한다.

이제 국내 시장을 살펴보자. 2023년 8월 모바일인덱스 집계에 따르면 국내 OTT 사용자 순위는 넷플릭스 1223만 명, 쿠팡플레이 563만 명, 티빙 540만 명, 웨이브 439만 명, 디즈니플러스 270만 명이다. 티빙(대주주 CJENM 48.85%, KT스튜디오지니 13.54%, 미디어그로쓰캐피탈제1호 13.54%, SLL중앙 12.75%, 네이버 10.66%)과 웨이브(대주주 SK스퀘어 40.5%, KBS 19.8%, MBC 19.8%, SBS 19.8%)가 2023년 11월 28일 통합을 위한 양해각서를 체결했기에 예정대로 2024년 초 합병(최대주주 CJENM, 2대 주주 SK스퀘어 전환)할 경우 980만 명의 회원(중복 가입자 포함)을 갖춘 OTT로 커

그림 5-2 | 2023년 8월 기준 국내 OTT 채널별 가입자 수 현황

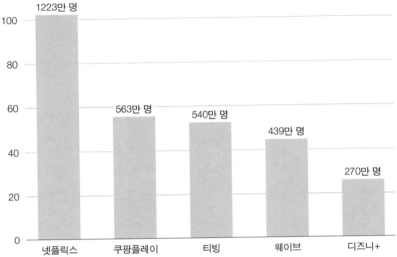

자료: 모바일인덱스(2023.8).

져 넷플릭스와 견줄 수도 있다.

그러나 티빙은 2022년 매출 2476억 원, 영업 손실 1120억 원, 웨이브는 매출 2735억 원에 영업 손실이 1217억 원이라서 경영 상태가 온전치 못해 투자 여력이 충분할지 우려를 표하는 시선이 많다. 반면 국내 넷플릭스 서비스를 제공하는 유한회사 넷플릭스서비시스코리아의 경우 2022년 매출은 글로벌 매출(41조 372억 원)의 1.88%에 해당하는 7733억 원, 영업이익은 142억 원을 각각 기록했다.

3 FAST 산업 성장세는 정말 놀라운 수준인가?

FAST는 북미·유럽에서 글로벌 트렌드로 자리 잡았으며 국내에서도 초기 시장 선점을 위한 경쟁이 치열하다. 시청자만 아직 잘 모르고 있다. 일정 시간의 광고만 본다면 구독료나 월 수신료를 걱정할 필요가 없기에, 유료 케이블TV 시청 비용이 많이 드는 북미와 유럽을 중심으로 기존 유료방송 해지 현상(코드 커팅)이 늘어나면서 산업의 규모가 점차 커지고 있다.

미국과 영국의 경우 FAST 앱이 탑재된 스마트TV 보급률이 74%에 이르면서 기존의 TV에서는 보기 힘든 다양한 주제와 장르를 아우르는 수백 개의 글로벌 콘텐츠를 볼 수 있어(이성엽, 2023), 소비 전환이 나타나고 있다. 영어권인 호주에서도 비용 문제로 기존 선형 TV에 대한 구독 유지를 꺼리면서 스트리밍 플랫폼으로의 전환이 많아 선형 TV의 시청자 수가 감소 추세에 있는데, 전체 가구의 75%가 2개 이하의 스트리밍 서비스를 보고 있다고 분석했다(*Media Week*, 2023).

미국의 미디어 시장 데이터 분석 기업 VIP+(Variety Intelligence Platform)의 뉴스 사이트인 버라이어티(Variety)는 닐슨(Nielsen Holdings plc.)의 보고서를 인용해 기존의 선형 TV가 운용하던 구독 플랫폼이 너무 단편화되고 비용이 많이 들며, 콘텐츠가 대체로 독창적이지 않고 동질적이기 때문에 FAST로의 전환이 빨라져 미국에서 사상 처음으로 2023년에 선형 TV 시청률이 50% 미만으로 떨어졌다고 설명했다(Epstein, 2023). 닐슨은 로쿠채널, 플루토TV, 투비라는 '3대 FAST 서비스'가 미국 최고의 케이블 네트워크 가운데 두 곳만 빼고 모든 방송 서비스의 월별 시청률 수

그림 5-3 | 북미·유럽의 트렌드로 정착한 FAST 서비스

자료: 비지오.

치를 능가했다고 밝혔다.

삼바TV가 2023년 8월 9일 내놓은 「시청률 현황 보고서(H1 2023: The State of Viewership)」에 따르면 미국인 3명 중 1명(33%)은 FAST 채널을 정기적으로 시청하고 있다(Epstein, 2023). 이 보고서에서 미국 성인의 72%가 FAST 채널에서 흔히 나타나는 '몰아보기 시청자(binge-watchers)'로 조사되었는데, 상위권 시리즈물을 시청한 가구의 평균 47%가 전체 시리즈를 폭식하듯 다 모아서 '5일 연속'으로 몰아본 것으로 나타났다.

시청자의 시간 선택권과 콘텐츠 선택권이 동시에 확보된 스트리밍 TV 시대, 시청자의 시청 습관이 뚜렷하게 달라졌다는 것이 명확히 확인된 것이다. 이 보고서는 또 "밀레니얼 세대의 65%는 TV 이용료가 할인된다면 광고 시청을 한다 해도 FAST 서비스 등의 스트리밍 서비스 구독을 고려할 것이며, 밀레니얼 세대의 32%는 FAST 서비스에 가입할 것"이라는 조사 결과도 설명했다(Globe Newswire, 2023).

이와 관련해 《파이낸셜타임스(Financial Times)》는 2023년 8월 12일자 기사에서 "이제는 케이블TV[2023년 이용료 평균 83달러(약 10만 8000원)]

보다 1위의 스트리밍 서비스[1년 전 월 73달러(약 9만 5000원)에서 87달러(약 11만 3000원)로 인상] 접속에 더 큰 비용이 들기 때문에, 이용자들 간 스트리밍이 더 경제적이라는 생각이 설득력을 잃고 무료 서비스로 옮겨 가고 있다"라고 분석했다(Nicolaou, 2023).

2022년에 일어난 충격적인 대규모 '코드 커팅 사태'가 그것을 말해준다. 미디어·통신·엔터테인먼트 산업 분석기관인 라이트만 리서치 그룹(Leichtman Research Group)의 2023년 집계에 따르면 미국 방송산업 중 가장 큰 비중을 차지하는 전체 유료TV 시장에서 이탈한 순 가입자(net video subscribers)가 놀랍게도 2021년 470만 명, 2022년 580만 명이었다(Huston, 2023). 그 가운데 케이블TV가 2021년 270만 명, 2022년에는 350만 명으로 가장 많았다.

케이블TV 업체 가운데는 컴캐스트가 2022년 200만 명 이상으로 가장 많았고, 차터(Charter, 68만 6000명 이탈), 콕스(Cox, 34만 명 이탈)가 2~3위로 기록되었다. 〈버라이어티〉는 현재의 궤도와 이후의 추이를 보면 FAST가 5~10년 안에 기존 방송 서비스를 대체하면서 2030년까지 '최고의 시청 채널'로 자리 잡을 가능성이 크다고 진단했다(Epstein, 2023).

유료 TV와 달리 FAST 산업은 각종 지표가 매우 좋다. VIP+에 따르면 미국의 FAST 채널 광고 수익은 39억 달러(5조 2000억 원)로 집계되어 2022년 대비 37% 포인트나 증가했다. FAST가 미국에서 먼저 주목을 받아 성장한 이유도 그곳의 유료방송 이용료가 국내보다 7배쯤 비싸기 때문이다(임정이, 2023).

2023년 세계 FAST 산업의 시장 규모는 2019년 대비 31.5배나 확대되었다. 리서치 업체 옴디아(Omdia)는 세계 FAST 산업이 2019년 2억 달러,

2020년 8억 달러, 2021년 24억 달러, 2022년 44억 달러, 2023년 63억 달러를 보이고, 2027년에는 120억 달러(약 15조 8928억 원)에 이를 것으로 예측했다. 2017년 기준으로 보면 2019년 대비 60배, 2023년 대비 5.25배 성장할 것이라는 분석이다.

옴디아는 2027년까지 상위 5개 FAST 시장을 미국, 영국, 캐나다, 호주, 독일로 꼽았다. 이곳의 특징은 5대 시장 가운데 4곳이 영어를 모국어로 사용하는 등 언어와 문화가 대부분 공유된다는 점이다. FAST가 대부분 미국에서 서비스를 시작하기에 스마트TV를 생산하는 한국의 기술 대기업인 LG와 삼성이 포함된 미국계 대기업이 자체 채널 수를 확대하며 'FAST 강자'를 만들어 플랫폼의 유통 제품군을 장악 중이고, 이들을 통해 콘텐츠가 한 지역에서 다른 지역으로 쉽게 유통되고 있다(Bridge, 2023).

미국 주요 FAST 서비스에서 사용 가능한 채널 수를 살펴보면 비약적으로 증가하고 있다. 일례로 글로벌 미디어 기업 비아콤은 2019년 1월 채널 수가 약 100개에 불과하던 플루토TV를 인수했는데, 플루토TV는 2년 후인 2022년 1월부터 300개 이상의 채널을 제공하기 시작했다.

VIP+에 따르면 미국 FAST 서비스 시장에서 2023년 6월 말 현재 400개 이상의 채널을 보유하고 있는 FAST 플랫폼은 로컬나우, 플렉스(Plex), 로쿠채널의 3개 서비스다. 이 3개의 서비스는 불과 18개월 전만 해도 채널 수가 0개였으니 이 정도 숫자라면 놀라운 성장세라 할 수 있다(Bridge, 2023).

그다음 슬링 프리스트림(Sling Freestream, 이전의 '슬링 프리')은 2022년 이후 가장 많은 채널을 추가해 398~400개 클럽의 정점에 올라 있고, 플루토TV, 삼성TV플러스, 수모 플레이 등은 300개를 웃도는 위치에 올라

그림 5-4 | 미국의 주요 FAST 플랫폼 가용 채널 수 변화

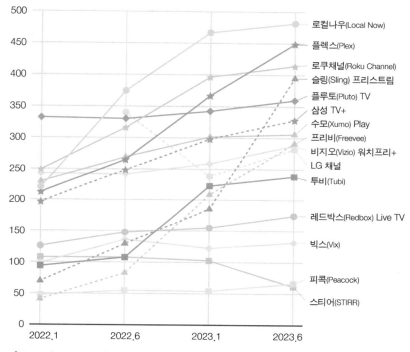

자료: VIP+(2022.1~2023.6).

있다. 프리비, 비지오 워치프리플러스, LG채널 등은 이들을 바짝 추격 중인 모습이다. LG채널의 경우 채널 라인업을 활성화하는 데 집중하면서 2023년 초에 채널 수가 감소했는데, 2022년 1월의 데이터는 제공되지 않아 그래프에 정보가 표시되어 있지 않다(Bridge, 2023).

전체 방송 서비스 플랫폼에서 차지하는 FAST 플랫폼 시청 점유율도 60%에 육박한다. 통계 사이트 스태티스타에 따르면 미국에서 플루토TV, 투비, 로쿠채널 등의 FAST 플랫폼을 이용해 콘텐츠를 보는 시청자의 점유

그림 5-5 | 미국의 FAST 플랫폼 이용 시청자 점유율 변화

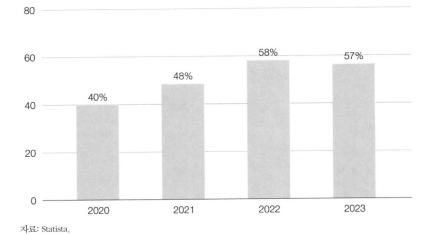

자료: Statista.

율은 2020년 40%, 2021년 48%, 2022년 58%, 2023년 57%다(Stoll, 2023).
미국에서는 소수의 사업자가 이 시장을 지배하고 있으며, 단지 5개 채널
만이 전체 시청률의 20% 이상을 차지한 구도다.

옴디아는 파라마운트 글로벌이 운용하는 플루토TV 사업부가 플루토
TV 스포트라이트(Pluto TV Spotlight), 스타 트렉(Star Trek), 플루토TV 액
션(Pluto TV Action), 플루토TV 리액션(Pluto TV Reaction), 플루토TV 코미
디(Pluto TV Comedy)라는 5개 핵심 채널을 운용해 2023년 8월 기준 100대
FAST 채널 소비액의 21%를 차지했다고 분석했다(Newscast Studio, 2023).
산정 범위를 상위 20개 채널로 넓히면 전체 FAST 채널 방문량의 약 50%
를 플루토TV 사업부의 채널이 점유한다.

파라마운트 글로벌의 경우 지식재산권(IP)을 보유한 콘텐츠, 배타성
이 강한 독점 콘텐츠 활용 등 콘텐츠 발굴 능력이 도드라져 FAST 채널

사업에서 성공한 것으로 분석된다. 영국의 경우 7개의 주요 FAST 서비스 가운데 토종 업체는 'ITVX'(https://www.itv.com/)뿐인데, 그것도 매우 늦은 2022년 12월에 겨우 사업을 시작했다. 호주는 영국과 달리 지역 방송사 3곳이 각각 FAST 서비스를 론칭해 운영 중이다.

콘텐츠 소비 트렌드를 살펴보면 현재까지는 세계적으로 엔터테인먼트 TV 시리즈가 가장 인기가 높다. 많은 통계 가운데 하나만 살펴봐도 그 흐름을 읽을 수 있다. 스태티스타 사이트에서 제시한 '2023년 2분기 FAST 채널의 장르별 콘텐츠 이용률 분포'에 따르면 FAST 채널이 제공하는 콘텐츠 가운데 엔터테인먼트 TV 시리즈의 점유율이 전체의 15%를 차지했다.

드라마처럼 여러 회차로 편성되는 엔터테인먼트 TV 시리즈가 FAST 플랫폼에서 소비가 가장 많은 콘텐츠 장르라는 뜻이다. 그 뒤를 이어 뉴스 13%, 영화 10%, 엔터테인먼트 일반(예능, 쇼 등) 9%, 음악 프로그램 8%, 리얼리티 프로그램 8%, 다큐멘터리 8%, 아동 프로그램 8%, 스포츠 7%, 기타 14%로 각각 나타났다(Statista, 2023).

국내의 상황은 어떨까. VIP(Variety Intelligence Platform)의 선임 미디어 분석가 개빈 브리지(Gavin Bridge)는 2023년 8월 18일 '2023 국제방송영상마켓(Bcww 2023)'의 글로벌 FAST 세션에 연사로 참석해 "한국 콘텐츠는 인기가 많으므로 한국 FAST 시장 규모는 2028년 8억 7600만 달러(약 1조 1700억 원) 규모로 성장할 것"이라고 내다봤다(나병현, 2023).

더글러스 몽고메리 글로벌 커넥츠 미디어 대표(전 워너브러더스 부사장)는 2023년 12월 11일 서울 호텔나루서울에서 열린 '2023 차세대 미디어 대전'에서 장르마다 정(情)이라는 훈훈한 정서가 담겨 서구인에게 매력을 끄는 'K콘텐츠'와 어려서부터 인터넷 세상에서 자란 각국의 'Z세대'

그림 5-6 ｜ 2023년 2분기 FAST 채널의 장르별 콘텐츠 이용률

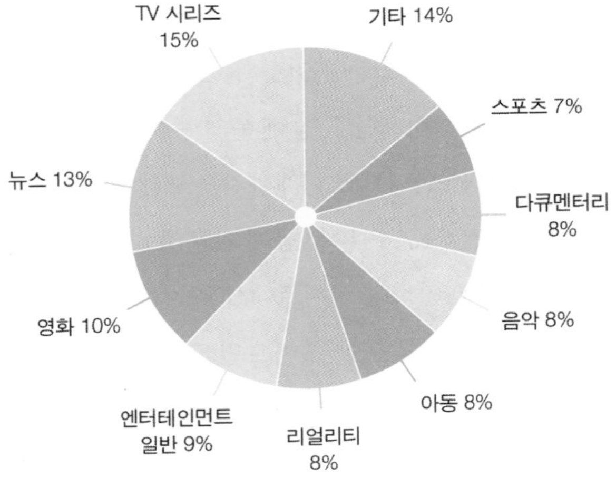

TV 시리즈 15%
기타 14%
스포츠 7%
다큐멘터리 8%
음악 8%
아동 8%
리얼리티 8%
엔터테인먼트 일반 9%
영화 10%
뉴스 13%

자료: Statista(2023).

가 FAST와 같은 인터넷 기반 콘텐츠 서비스의 성장을 견인할 것이라고 진단했다.

　국내 가전업계에 따르면 삼성전자의 '삼성TV플러스'는 전 세계 24개국에서 2500개 이상의 채널을 운영하는 거대 플랫폼으로 성장했고 최근 1년간 약 30억 시간의 글로벌 누적 시청 시간을 기록했다. 삼성전자는 2027년 삼성TV플러스의 월간 활성 이용자 수가 2027년 5800만 명까지 증가할 것이라 보았다. LG전자의 'LG채널'은 2023년에 이미 세계 30개국에 3600개 이상의 채널을 제공하고 있다. LG채널의 글로벌 가입자 수는 지난해 초 25개국 약 2000만 명에서 최근 5000만 명을 넘어섰다.

　베테랑 언론인들과 TV·광고업계의 최고 경영진들로 구성된 분석가 그룹인 'TVREV'의 2023년 1월 보고서('FASTs Are the New Cable Part 2:

그림 5-7 ┃ 글로벌 광고 시장의 FAST 광고 비중 변화

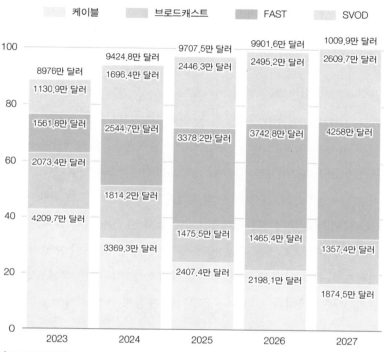

자료: TVREV(2023).

Advertising")에 따르면 FAST를 포함한 세계 스트리밍 서비스 분야의 광고 매출 점유율은 2025년이 되면 기존의 선형 방송 서비스(지상파 방송, 케이블TV, SVOD)를 앞지른다(Shields and Wolk, 2023; Fletcher, 2023).

보고서는 이런 추세를 고려할 때 매체 총광고비에서 FAST 광고비가 차지하는 비중은 2025년은 2023년(17%)보다 18% 포인트가 늘어난 35%(337억 달러)에 이를 것이라 추산했다. 2027년에는 전체 물량(1010억 달러, 약 132조 2000억 원)의 68%(690억 달러, 약 90조 3000억 원)를 차지할

것이라고 보았다. 범위를 좁혀 TV 광고에 국한하면 총 TV 광고 물량에서 차지하는 FAST 광고 비중은 2022년부터 5년간 25% 포인트나 늘어 2027년에는 42%(426억 달러, 약 55조 8000억 원)를 차지할 것으로 예측되었다.

반면 SVOD 서비스는 현재(13%)보다 13% 포인트 늘어난 26%(261억 달러, 약 34조 1600억 원), 케이블TV는 현재(50%)보다 31% 포인트 감소한 19%(187억 달러, 약 24조 4876억 원), 지상파 방송은 현재(23%)보다 10%포인트 줄어든 13%(136억 달러, 약 17조 8024억 원) 축소를 예상했다.

아직 케이블TV, VOD 등 기존 방송의 영역에 있는 스포츠 콘텐츠들이 SVOD 서비스로 대거 전환된다면 FAST 광고 비중은 더욱 늘어날 것이라는 것이 상기 보고서를 작성한 연구자들의 첨언이다. 이 보고서는 중장기적으로 전통 미디어 체제의 방송 서비스가 쇠퇴하는 대신 FAST 산업이 성장세를 이어갈 것이라는 긍정적인 관점에 방점이 찍혀 있다.

FAST 시장의 핵심
관심사는

1. 선도업체 '삼성TV플러스'와 'LG채널'의 사업전략은?
2. 국내 FAST는 '글로벌 케이컬처 채널'로 떠오를까?
3. 경쟁 업종의 공세와 예견되는 '정책·규제 리스크'는?

1 선도업체 '삼성TV플러스'와 'LG채널'의 사업전략은?

1) 삼성전자 '삼성TV플러스'

삼성전자는 FAST 플랫폼 '삼성TV플러스'를 출시해 LG전자와 더불어 자사 스마트TV 네트워크와 콘텐츠를 무기로 '글로벌 미디어 킹'이 되리란 복안을 품고 선도적으로 FAST 사업을 이어가고 있다. 옴디아가 집계(2024. 2.19)한 2023년 세계 TV 시장의 매출 점유율 18년 연속 1위(30.1%), 출하량 점유율 1위(18.6%), 2,500달러 이상 프리미엄 TV 매출 점유율 1위(60. 5%), 75인치 이상 초대형 TV 매출 점유율 1위(33.9%), 90인치 이상 초대형 TV 매출 점유율 1위(30.4%)가 든든한 사업 기반이다. 2015년 첫 서비스 도입 이후 전 세계 24개국에서 2500개 이상의 채널을 운영 중이다(변윤재, 2023). 이 회사의 FAST 서비스는 자사가 판매하는 고부가가치의 스마트TV를 통해 TV 구매자에게 어떤 특별한 경험을 제공해 줄 수 있을까 하는 고민에서 시작했다.

하지만 삼성전자는 국내는 물론 해외로 FAST 채널 서비스를 확대하며 공격적 투자를 하고 있어 본격적으로 방송 콘텐츠와 플랫폼 사업을 하는 미디어·엔터테인먼트 기업으로 부상할지 시장의 주목을 받고 있다. 삼성전자의 FAST 서비스 사업은 영상디스플레이사업부가 담당한다(조민정, 2023). 필자는 FAST 사업의 선두 업체인 삼성전자 관계자를 전화로 연결해 사업 목표와 현황, 전략 그리고 향후 계획에 대해 상세히 들어보았다.

• 어떤 계기로 '삼성TV플러스'를 출시해 FAST 사업을 시작했나요?

"우리 삼성전자는 우리 스마트TV를 구매한 고객이 그 TV를 통해 쉽고 편리하게 다양한 영상물을 보고, 즐겁고 특색 있는 체험을 확대하는 기회를 제공하려는 목적에서 FAST 사업을 시작했습니다. FAST 사업 전에 이미 앱을 통해 영상물을 시청하도록 하는 서비스를 해왔기 때문에, 이를 토대로 FAST 사업으로 발전시킨 것입니다. 많은 이용자가 OTT 서비스에 익숙해진 시점에 우리가 이 사업을 시작해 타이밍이 매우 자연스럽고 적절했습니다."

• 삼성전자는 스마트TV 제조·판매 대수가 매우 많으니 TV 구매자를 지구적으로 한데 묶는 광대한 '콘텐츠 서비스 네트워크' 구축이 이론적으로 가능한데요, 그런 구상은 회사 내부에서 해보지 않았나요?

"우리는 FAST 사업을 전적으로 TV 판매 촉진과 고객 서비스 확대 차원으로 접근했어요. 실제 글로벌 수준에서 삼성전자의 스마트TV가 연간 4000만 대 이상 팔리고 있습니다. 각국에 팔린 스마트TV와 TV 이용자를 활용해 지구적으로 거대한 콘텐츠 서비스 네트워크를 구축하겠다는 차원에서는 접근하지는 않았습니다. 그것이 가능하다 해도, 현재로서는 국가별로 콘텐츠 수급 상황이 달라 하나로 묶어 운영하기가 쉽지 않습니다."

• 삼성전자가 추구하는 FAST 사업의 전략과 목표는 무엇인가요?

"스마트TV는 고화질, 화질 개선, 미러링, 인공지능, 큐레이션 등 기능이 매우 다양합니다. 아마도 스마트TV 고객들이 볼 때 좋은 TV를 비싸게 산다고 느낄 것입니다. 고객들은 이런 스마트TV를 더 잘 이용하고 유용하게 쓸 필요가 있습니다. 따라서 우리는 각국 현지의 콘텐츠 제공 업체와 협업해 이용자 관점에서 스마트TV의 구매가치와 이용률, 회사 차원에서 TV 판매율을 높이는 데 초점을 맞춰 사업을 전개할 예정입니다. 우리가 추구하는 FAST 사업의 목표이자 전략은 고객에게 이런 TV 를 즐기고 체험하는 경험적인 만족을 최고조로 높여드리는 것입니다."

• '삼성TV플러스'의 국내와 해외의 사업 접근법은 어떻게 다른가요?

"삼성TV플러스가 시작한 FAST 사업의 전망은 아직은 예측하기가 조심스 럽지만, 세계적으로 그 흐름이 양호하다고 봅니다. 국내 채널의 경우 TV 제조사로서 이점이 있고 콘텐츠 수급이 원활한 점이 전망을 밝게 합니다. 당분간 콘텐츠 서비스 위주로 가다가, 광고 시장이 형성되면 사업을 확대 할 계획입니다. 미국 등 해외 채널의 경우 FAST 시장이 잘 형성되어 있고 성장세도 좋아 사업 성공 가능성이 더 크다고 봅니다. 일단 현지 콘텐츠 공급업체와 좋은 관계를 맺어 양질의 콘텐츠를 공급하는 데 초점을 두고 국가별로 여건을 보면서 순차적으로 채널 론칭을 확대할 계획입니다."

• 세계적으로 케이컬처 콘텐츠에 대한 수요가 큰데 삼성TV플러스를 '케 이컬처 채널'로 발전시킬 계획이 있습니까?

"케이컬처에 대한 그런 선호 흐름은 저희가 감지하고 있지만, 세계인이 감동할 콘텐츠를 충분히 수급하는 게 가장 우선일 것 같습니다. 아직은 그런 채널 특성화는 고려해 보지 않았지만, 이론적, 기술적으로는 가능 하다고 봅니다. 채널을 국가별로 운용하기 때문에 각국 이용자들의 취 향에 맞는 콘텐츠를 선택하는 것, 소통이 매끄럽게 잘되도록 콘텐츠를 현지어로 더빙하는 수고들이 뒤따라야 할 것 같습니다."

- TV 수상기를 생산하면서 FAST 사업을 하므로 삼성전자와 구조가 비슷한 미국의 비지오도 최근 실적 발표에서 자사의 TV 매출이 30% 정도 감소하고, FAST 채널 사업은 전체 매출의 30%를 차지할 정도로 성장하는 변화가 나타났다고 합니다. 삼성전자도 콘텐츠 채널 사업을 더욱 강화하거나 엄청나게 많이 팔린 TV의 네트워크를 활용해 콘텐츠 서비스 기업으로 전환하는 고려도 하고 있나요?

"저희가 콘텐츠 회사로 전환하는 것은 아직 성급하다고 봅니다. 연도별로 수요 변동이 있긴 하지만 아직은 스마트TV의 수요가 좋아 그런 생각을 하고 있지 않습니다. 스마트TV는 세계 시장에서 연간 2억~2억 3000대가 팔리는데 수요가 줄어도 작년과 같은 2억 대 수준으로 나쁘지 않았습니다. 삼성전자가 그 가운데 4000~4500대를 팔고 있고, 국내의 경우 65인치 이상 대형 TV가 전체 판매량의 50%를 웃돌고 있습니다. 더군다나 우리가 스마트TV를 세계 각국에 판매한다 해도 전기 공급 불안정, 통신설비 구축 미진 등 인프라의 문제로 FAST 서비스가 안 되는 국가가 아직 많은 데다 국가별 콘텐츠 수급 상황도 천차만별이라 FAST 사업체로 서둘러 전환하기는 어렵습니다."

- FAST 플랫폼 사업은 콘텐츠 수급, 이용자 확보, 광고 수주가 3박자를 이뤄 선순환해야 성공하는데, 삼성전자가 선도적인 FAST 플랫폼 사업자로서 이용자를 늘리기 위해 오리지널 콘텐츠 제작·투자에도 나설 계획이 있나요?

"우리가 삼성TV플러스의 이용자 수의 증진을 위해 오리지널 콘텐츠 기획·투자·제작에 직접 나설 계획은 아직까지는 없습니다. 우회 전략으로 신규 콘텐츠를 다른 매체와 동시 개봉하는 것과 같은 특별한 유통 전략도 생각하고 있지 않습니다. 우리는 일단 전문 영역에 있는 다양한 콘텐츠 사업 상대와 협력해 양질의 콘텐츠를 공급받아 서비스하는 데 주력할 것입니다."

• FAST 플랫폼 사업은 기업의 수익성 측면에서 광고 유치가 가장 중요한데, 사업 초기인 현재 내부 상황을 솔직하게 진단해 주실 수 있나요?

"FAST 광고 영업은 아직은 활성화되어 있지 못한 상황입니다. 그래서 이 사업은 TV 구매 고객에게 최적의 부가 서비스를 한다는 생각으로 접근하고 있습니다. 내부에서 광고 체계화, 광주 수주 증진 등을 위한 다양한 노력을 하고 있기에 머지않아 사정이 많아 나아질 것으로 생각합니다."

• FAST 사업의 조기 안착을 위해 각 계열사의 지원이 강구되고 있나요?

"삼성의 많은 계열사가 우리 삼성전자의 FAST 광고 시장 형성이나 강화에 도움을 주는 인위적인 일은 없을 것입니다. 각각의 회사들은 이 사업과 무관하게 각자의 일을 하고 있기 때문입니다. FAST 광고 수익 향상을 위해 저희 회사의 관련 사업부가 스스로 더 노력할 것입니다."

• '삼성TV플러스'를 위시해 국내에서도 FAST 시장이 형성되면서 경쟁 업종인 유료방송 사업자들의 집단적 '경계'가 심해지고 심지어 '규제'를 요구하는 목소리도 나오고 있는데, 이에 대해 어떤 대비를 하고 있습니까?

"이 이슈에 대해서는 저희가 특별히 드릴 말씀이 없습니다. 삼성TV플러스는 서비스만 무료일 뿐 제공하는 콘텐츠 레퍼토리는 상대적으로 아직 다른 방송 서비스보다 빈약합니다. 자체 제작한 오리지널 콘텐츠나 킬러 콘텐츠도 없고 모두 외부에서 공급받아 서비스하는 것입니다. 이에 비해 유료방송은 훨씬 더 다양하고 풍성한 콘텐츠를 갖고 사업을 하고 있으며, 막강한 힘을 지닌 방송 사업자입니다. 또 FAST 사업에서는 다양한 이해관계가 복잡하게 얽혀 있어 실제로는 어떤 방향을 정하기도 쉽지 않은 측면이 있습니다. 가령 CJENM과 같은 방송 사업자는 유료방송의 최대 강자이면서 우리 삼성TV플러스에 콘텐츠를 공급하고 있지 않습니까? 이렇게 답을 대신하겠습니다."

• 우리나라에서도 FAST 플랫폼 사업이 뜨고 있지만, 아직은 관련 기업이나 전문가들의 관심사일 뿐 일반인에게는 생소합니다. FAST 플랫폼인 삼성TV플러스를 운영하는 처지에서 앞으로 이 채널을 FAST 서비스로써 정체성을 확고히 해 홍보 및 마케팅을 할 계획이 있습니까?

"우리도 삼성TV플러스를 운영할 때 '이것이 FAST 서비스입니다'라고 고객들에게 안내하거나 홍보하지는 않았습니다. 우리 삼성전자는 가전업체이자 반도체업체로서 우리 제품인 스마트TV가 고객에게 주는 혜택을 강조하는 데 초점을 두고 홍보와 마케팅을 해왔습니다. 이미 모바일 휴대전화가 'TV 비서'나 '문화비서'의 역할을 하고 있기에 스마트TV까지 '어시스턴트 역할'로 포지셔닝하지 않고 '스마트홈의 허브'로 소구했습니다. 앞으로도 그런 기조를 유지할 것 같습니다. 다만 국내외 뉴스 등을 통해 FAST가 널리 알려지고 이에 대한 일반인들의 이해와 관심이 점차 높아지고 있어 이용자들이 우리 채널을 FAST 플랫폼으로 인식하는 것은 자연스럽게 이뤄지리라 생각합니다."

2) LG전자 'LG채널'

LG전자는 FAST 플랫폼 'LG채널'을 출시해 2024년 초 현재 약 30개 국가로 사업 영역을 확대하여 채널 3600개 이상을 공급하고 있다. 가입자 수도 이미 5000만 명을 넘어섰다. 2023년 11월에는 인구가 14억 명을 넘어 장기적으로 높은 사업성이 기대되는 인도에서도 LG채널을 론칭했다. 2억 대가 넘게 팔린 자사의 스마트TV를 네트워크로 삼아 국내는 지상파 방송, 세계 각국에 다채로운 콘텐츠를 공급하면서 미디어·엔터테인먼트 플랫폼으로 굳건하게 성장하겠다는 전략이다. 옴디아가 집계(2024.2.19)한 2023년 세계 TV 시장의 매출 점유율 2위(16.3%), OLED TV의 출하량 점유율(53%)과 매출 점유율(48%) 각각 1위, 75인치 이상 초대형 OLED TV 출하량 점유율 1위(60%), 75인치 이상 초대형 TV 매출 점유율 2위(15.45%), 퀀텀닷 LCD TV 판매 점유율 2위(14.7%)가 든든한 사업 기반이다.

LG전자는 HE(홈엔터테인먼트)사업본부가 FAST 사업을 전담하고 있는데, HE사업본부장 직속으로 웹OS 소프트웨어 개발그룹을 신설해 스마트TV 플랫폼에 FAST를 결합한 광고·콘텐츠 매출 증진에 주력 중이다. LG전자는 지상파 방송, 유료방송 등 기존 매체를 의식해 사업 목적이 스마트TV의 구매자에게 부대 경험(서비스) 제공이라고 자세를 낮춘 삼성전자와 달리 '미래의 막강 미디어·엔터테인먼트 플랫폼'을 실현하겠다고 밝혔다. 2023년부터 오리지널 콘텐츠 제작·투자에 뛰어들었다는 점은 기존의 유료방송은 물론 영화사, 외주제작사도 긴장케 하는 대목이다. 복수의 LG전자 관계자로부터 FAST 사업의 추진 현황과 청사진에 대해 직접 들어보았다.

- LG전자의 FAST 사업 착수 계기와 특화 전략은 무엇인가요?

"우리는 스마트TV 구매자들에게 TV 수상기라는 하드웨어를 넘어 보다 다양한 소프트웨어 요소를 제공하기 위해 독자적으로 2014년 2월 스마트TV에 전용 플랫폼 웹 운영체제(web OS)를 적용해 FAST 사업의 기반을 마련했습니다. 이어서 'LG채널'이란 FAST 플랫폼을 설립했어요. 전용 웹 운영체제 출시 10년 차를 넘어선 2024년부터는 앞서가는 'OLED 스마트TV' 회사를 넘어 미디어 엔터테인먼트 플랫폼 업체로 적극적인 전환을 할 것입니다."

- 삼성전자와 달리 미디어·엔터테인먼트 플랫폼 기업으로의 '적극적 전환'을 강조하셨는데, 이런 수식구에 걸맞은 구체적인 계획은 무엇인가요?

"우리는 현재 2억 대인 FAST 전용 앱 장착 스마트TV를 2026년까지 3억 대로 늘리면서, 향후 5년간 외국의 현지 채널 론칭 확대, 콘텐츠 수급, 운영체제 개선 등에 1조 원 이상을 투자할 것입니다. 그중 50% 이상을 편성 매력도를 높이기 위해 오리지널 콘텐츠에 투자할 계획입니다. 이미 2023년 말부터 신규 콘텐츠 제작에 투자했어요. 리얼리티, 스포츠, 예능, 시리즈 등의 독점 VOD 콘텐츠를 강화하고 점차 영화 투자도 검토할 예정입니다. 이런 작품이 속속 등장하는 2024년부터는 체감할 만한 변화가 있을 것입니다."

• LG전자는 통신사 'LG유플러스'라는 그룹의 협력사가 있어 콘텐츠 투자를 비롯한 FAST 사업 추진에서 일견 삼성전자보다 유리한 점이 있는데요?

"그것은 맞습니다. 두 회사는 콘텐츠 수급, 오리지널 콘텐츠 공동 제작·투자·유통 등에서 많은 시너지 효과가 날 것 같습니다. 다만 그것은 국내 사업에 국한된 면이 있고, 해외 사업은 상황이 달라 효과가 미약할 것 같습니다. 아시겠지만, 통신사업은 국내 영역에 국한된 사업이니까요."

• 국내 채널과 해외 채널 운용은 경영전략에서 어떤 차이를 두고 있나요?

"네. 국내 채널은 과거에 뉴스 공급이 많았다면 최근에는 선호가 뚜렷한 교육, 엔터테인먼트, 쇼핑 장르를 강화했습니다. 국내 이용자들은 취향이 시시각각 바뀌고 있어 정기 수요 조사를 통해 수시로 편성을 변경할 생각입니다. FAST 붐이 강한 북미 등 해외 채널은 글로벌 미디어·엔터테인먼트사와 협력해 파급력이 큰 독보적인 콘텐츠를 공급하는 데 주력하고 있습니다. 장르는 영화, 드라마 외에도 스포츠, 쇼핑, 학습(e-러닝) 등을 대폭 추가했습니다. 유럽에서도 채널 수를 계속 확장 중이고 중남미 채널에서는 플루토TV와 제휴해 지역에 어필하는 콘텐츠를 늘리고 있는데, 특히 두 지역에서 뉴스·시사보도, 예능, 드라마 등의 콘텐츠를 풍성히 갖출 예정입니다."

• 해외 채널에서는 여전히 케이컬처 콘텐츠가 인기인데요, 'LG채널'도 '케이컬처 채널'로 잘 키울 수 있다고 보십니까?

"네. 지금 해외 채널 가운데 북미, 유럽, 중남미 지역의 채널에서 케이컬처에 대한 수요가 매우 많습니다. 따라서 해당 지역에 영화, 드라마,

케이팝 등 관련 콘텐츠를 특화해 많이 공급하고 있습니다. 실제로 콘텐츠 신규 제작·투자도 상당 부분 이 지역을 겨냥하고 있습니다. 케이컬처 팬들이 많으므로 콘텐츠 공급만 잘한다면 'LG채널'도 향후 케이컬처를 세계로 전파하는 상징적인 채널로 자리 잡으리라 생각합니다."

• FAST 채널을 운용할 때 가장 큰 어려움은 아무래도 '광고 영업'일 것 같은데요, 현재 사정은 어떻습니까?

"사업 초기는 어려웠지만 지금은 전망이 좋습니다. 그래서 광고 영업 기반을 더욱 탄탄하게 구축하고 있습니다. FAST 사업에서 채널 이용 패턴과 속성, 콘텐츠 특징, 검색 정보 등은 광고 전략에서 가장 중요한 데이터입니다. 이를 토대로 다양한 방식의 표적 광고가 가능하기에 저희 광고 슬롯에 들어오겠다는 업체가 늘고 있습니다. 가령 '65인치 화면의 TV를 보면서 뉴욕에 살고 벤츠를 타며 골프를 치는 이용자들'에게 광고하고 싶다면서 타깃 광고를 주문하는 방식입니다. 이런 변화로 2022년 매출은 2018년 대비 10배나 성장했고, 2023년과 2024년은 더욱 더 성장하리라 봅니다."

• '규제 리스크'도 우려되는 요소인가요?

"유료 방송사 등 경쟁 업종에서 여러 움직임이 있죠. 그러나 이렇게 규제 대상으로 거론되는 것만으로도 FAST 사업에 관한 관심도, 선호도, 성공 가능성이 그만큼 커졌다는 방증이니 저희는 오히려 낙관적으로 보고 있습니다. 저희는 현재에도 미래에도 규제 여부에 구애받지 않고 FAST 사업을 양적, 질적으로 최고조로 끌어올려 이용자들의 확고한 선택을 받도록 노력할 것입니다. 저희가 이용자들에게 이런 '신호'를 주면 움직임이 뚜렷해져 미디어 시장은 곧 재편될 것입니다. 이용자가 모든 것을 결정하는 세상입니다."

• 국내외 채널 경영에서 보이지 않는 규제나 어려움은 없나요?

"먼저 해외 채널의 경우 사실 규제가 많습니다. 통신 부가서비스라서 없을 것 같지만 나라마다 적잖은 규제가 있습니다. 일례로 현지 채널을 운영할 때 영국, 프랑스, 독일 등은 홈 버튼과 초기 화면 구성, 리모컨 버튼 구성, 콘텐츠 국가별 구성, 시장 점유율 등에서 특정 채널, 특정 국가의 콘텐츠가 쏠리거나 차별받지 않게 세세한 개입을 많이 하고 있습니다. 특히 자국의 콘텐츠나 채널이 넷플릭스, 디즈니플러스 등에 밀리면서 자국 문화 보호에 민감해져 미디어 관련법을 강화하는 추세입니다. 국내 채널의 경우 음원저작권 관련 단체들이 백화점, 터미널 등 공공장소에 설치된 TV에서 FAST 채널을 틀면 '공연'으로 간주된다면서 저작권료를 요구하고 있습니다."

• LG전자는 LG채널을 볼 수 있는 스크린(시청 장치)의 확산에 중점을 두고 있는데, 아직 'LG채널'을 휴대전화로 보는 데는 한계가 있는데요?

"네, 아직 한계가 있습니다. 미국에서는 2022년부터 LG채널을 모바일로도 볼 수 있게 전용 앱을 출시했는데, 국내는 아직 진행하지 못했습니다. 앞으로 국내의 경우 시장의 수용성, 사업성 등을 종합적으로 검토해 출시 여부를 정하겠습니다. LG전자는 LG채널을 볼 수 있는 다채로운 디바이스의 확산에 목표를 두고 있기에 앞으로 지켜보시면 좋을 것 같습니다."

"북미, 유럽은 'FAST 붐'이라 칭해도 될 만큼 성장세가 뚜렷합니다. 이용자들의 FAST 갈아타기 흐름이 계속될 것으로 봅니다. 국내에서도 이용자의 반응이 아주 좋은데요, 이런 신생 서비스가 있다는 사실이 더욱 널리 알려진다면 더욱더 성장할 것입니다. LCD TV는 물론 초고화질인 OLED 급 스마트TV의 가격도 점차 낮아지는 추세이고, 이로 인해 스마트TV 보급률이 점차 높아질 것이므로 시청 환경에 큰 변화를 초래할 것입니다. 저희는 결국 이용자의 선택을 받아 기존 유료방송 서비스를 대체하는 게 목표입니다."

2 국내 FAST는 '글로벌 케이컬처 채널'로 떠오를까?

FAST 채널은 앞에서 해외 FAST 채널을 운용해 본 LG전자의 관계자가 낙관했듯이 '글로벌 케이컬처 플랫폼'으로 성장하기에 매력적이다. 특히 세계에 많은 스마트TV를 공급하는 LG전자와 삼성전자, FAST 채널 '빈지 코리아(BINGE Korea)'를 운영하는 한류 콘텐츠 기업 뉴아이디, 영어로 송출되는 국제방송 아리랑TV 등은 현지인들이 좋아하는 케이컬처 콘텐츠로 편성이 특화되어 있어 그런 가능성을 더욱 높여준다.

현지인들의 우리 대중문화에 대한 관심은 '남다른 수준'을 넘어 '열광'과 '종교'의 단계에 이른 경우가 많다. 따라서 이런 에너지를 원동력으로 삼아 흥미성, 창의성이 뛰어난 다양한 프로그램을 공급한다면 '글로벌

그림 6-1 | '글로벌 케이컬처 FAST 플랫폼'을 표방한 뉴아이디의 '빈지 코리아'

자료: 뉴아이디.

케이컬처 플랫폼'으로 안착하는 것이 한층 수월할 것이다. 우리나라 FAST 채널들은 각국에서 팔리는 뛰어난 성능을 지닌 스마트TV와 우리가 만드는 풍부한 콘텐츠가 있기에 이용자 네트워크의 국제적인 확장에서 매우 유리하다.

FAST 채널은 다른 나라의 초고속통신망을 활용해 이용할 수 있도록 현지에 직접 플랫폼을 개설할 수도 있고, 현지의 기존 플랫폼에 들어가는 채널 형태로 입점할 수도 있다. 여러 가지 문제 때문에 이론적 가능성과 달리 각국에 걸쳐 있는 세계 시장을 총괄하는 '단일 채널'로 구축하기는 어렵다.

국가 단위로 개별 운용되는 통신망에 가입해야 하고 현지 이용자들에게 맞는 콘텐츠를 충분히 공급받아야 사업 착수 환경이 마련되기 때문이다. 따라서 케이컬처 플랫폼은 현지 FAST 플랫폼에 하나의 채널로 입점하거나 직영 FAST 채널을 현지에 개설하는 방법으로 구축할 수 있다.

FAST 채널은 FAST 채널 고유의 '순종 생태계'로 존재하며 발전하느냐, 아니면 케이블TV, IPTV, OTT 등 기존 플랫폼의 일부 FAST 전환이나 결합상품 구성과 같은 '변종 생태계'까지 포함하느냐가 관건이다. 무료로 콘텐츠를 보는 효용과 광고를 시청해야 하는 부담과 업체의 경영 수지란 저울이 어느 쪽으로 기우느냐에 달려 있다.

FAST 채널이 고유한 영역 외에 케이블TV, IPTV, OTT 등 기존 유료방송 및 인터넷 플랫폼이 FAST로 전환하거나 FAST 서비스를 가미하는 형국이 된다면 방송 시장은 궁극적으로 FAST가 중심이 될 가능성이 크다. FAST 서비스는 무엇보다도 이용자들에게 이용료나 사용 방법에 있어서 전혀 부담이 없으므로 이용자 흡인에 유리하기 때문이다.

더군다나 서비스하는 콘텐츠가 독창적이고 매력적이라는 평판이 확고해지면 국내 이용자는 물론 해외의 이용자들까지 흡수할 가능성도 있다. 특히 우리나라 FAST 채널들이 '글로벌 케이컬처 플랫폼'의 특색을 강화한다면 세계 FAST 시장에서 독특한 영역을 구축하게 될 것이다.

외국인의 경우 우리나라의 드라마, 영화, 음악, 애니메이션, 그리고 미용, 음식 등을 주제로 한 콘텐츠를 무료로 부담 없이 즐기는 케이컬처의 허브나 아카이브로 받아들일 수 있기 때문이다. 지금까지 우리나라 콘텐츠는 세계 시장에서 충분히 승산이 있다는 것이 확인되었다. 우리나라 대중문화와 그 주역인 스타 아티스트들에 대한 선호가 남다르기 때문이다.

이러한 특별한 팬덤은 원하는 상품을 선택하는 단순한 선호 행동이 아니라 근본적으로 이들에 대한 애착과 보살핌이라는 긍정 심리에 기반

한다. 친구라 해도 지구상에서 이런 '진심 어린 고마운 친구'를 찾기 어려울 것이다. 그룹 방탄소년단(BTS)의 RM과 뷔는 2023년 12월 11일, 지민과 정국은 다음날인 12일 군에 각각 입대했는데, 이날 이런 현상의 단면이 엿보였다.

멤버들의 입대에 맞춰 BTS 팬들은 6년 전 히트곡인 '봄날'을 폭발적으로 구매해 미국, 일본, 영국, 프랑스 등 세계 83개국 아이튠즈의 '톱 송' 차트 1위에 올려놓았다(이태수, 2023). 하나의 네트워크를 통해 일부 팬이 제안한 내용을 조직화한 힘을 통해 웅대한 응원으로 표시한 것이다. '봄날'은 BTS가 2017년 발매한 '윙스 외전: 유 네버 워크 얼론(WINGS 외전: YOU NEVER WALK ALONE)'의 표제곡이다.

이 노래는 브릿록(Brit-rock) 감성과 현대적인 느낌이 강한 일렉트로닉 사운드가 어우러진 얼터너티브 힙합곡으로 가사에 "보고 싶다 보고 싶다, 얼마나 기다려야, 또 몇 밤을 더 새워야, 널 보게 될까 널 보게 될까"란 구절이 포함되어 있다(이동훈, 2023). 2023년 12월 군에 입대한 RM과 슈가가 작곡자로 참여한 데다 멀어진 친구와의 '재회'를 손꼽아 기다리며 희망을 잃지 않겠다는 메시지가 노래 가사에 담겼기 때문에 전 세계 아미들에 의해 '입대 응원곡'으로 선택된 것이라는 평가다.

FAST 채널이 이러한 기대를 담아 '글로벌 케이컬처 플랫폼'으로 발전하는 데는 몇 가지 변수가 있다. 그것은 첫째, 세계적으로 스마트TV의 보급률이 얼마나 증가하느냐에 달려 있다. 스마트TV의 구매는 FAST 채널 시청의 주축 수단이라 그 전제 조건이 되기 때문이다. 특히 국내 가전업체가 세계 시장에서 스마트TV 보급을 주도하고 있어 주목도는 더 높아질 것이다.

둘째, 특정 FAST 채널이 자체적으로 노력해 얼마나 많은 외국의 이용자를 확보하느냐에 달려 있다. 외국인 이용자 확보는 그들이 좋아하는 콘텐츠 수급, 채널 운영 업체의 광고 영업력 증진, 참신한 경영전략의 실행 등이 조화를 이룰 때 가능해진다. 각국에 진출한 현지의 FAST 채널이 이용자를 많이 확보하면 해당 국가의 광고주들은 이를 구매력 높은 매체로 평가해 광고를 많이 하게 될 것이다.

셋째, 케이컬처 콘텐츠의 지속 가능한 인기와 공급에 달려 있다. '글로벌 케이컬처 플랫폼'은 케이컬처 콘텐츠에 대한 선풍과 지속적인 인기에 바탕을 둔 목표 개념이다. 따라서 방송사는 물론, 영화사, 드라마 제작사, 예능 제작사, 음원 기획사 등 제작 분야의 다양한 영역에서 드라마, 영화, 예능, 음악, 아티스트 등이 충분히 공급되어야 한다. 콘텐츠와 그 주역인 예술가는 새로운 매력과 유행을 창조하는 창의력과 세련미를 갖춰야 한다.

넷째, 각국의 '케이컬처 플랫폼'을 통해 제공되는 케이컬처 콘텐츠의 문화적 할인율(cultural discount rate) 축소에 신경을 써야 한다. 현지의 언어, 소통 방식, 감수성에 맞게 콘텐츠를 더빙하고 필요할 경우 가공을 해야 한다. 현지 사정을 잘 분석해 그곳 사람들이 좋아하는 아티스트가 출연한 작품을 선별해 편성 라인에 올리는 것도 매우 중요하다.

그러면 배우와 가수 등 한국의 연예인에 대한 선호도 조사를 선행하는 등 충분한 데이터를 갖고 있어야 한다. '문화적 할인율'은 국가 간 문화를 교류할 때 또는 특정 국가의 문화가 다른 문화로 전파될 때 국가 간의 문화, 관습, 언어 등의 차이로 인해 발생하는 수용 격차를 나타내는 지표로 수치가 낮을수록 소통성이 좋다는 뜻이다(Oberhofer, 1989a; 1989b).

다섯째, FAST 채널에서 공급하는 우리 콘텐츠에 대한 외국의 규제가 있을지에 대해 충분히 대비해야 한다. 케이컬처와 관련된 인기 콘텐츠라 하더라도 각국에 공급할 경우 현지의 종교, 터부, 가치관 등을 자극하거나 현지인들과 소통되지 않는 소재나 표현 방식이 있다면 철저하게 걸러내야 한다. 콘텐츠 편성에 문제가 생기면 현지에서 급작스럽게 센세이션을 일으켜 채널 서비스가 중단되는 불상사가 벌어질 수도 있기 때문이다.

아울러 우리나라의 FAST 채널이 사업적으로 잘 되거나 신드롬을 일으키면 자국의 문화 보호나 문화 주권 수호의 논리가 발동할 수 있음에 유의해야 한다. 현지의 FAST 산업이나 채널을 보호하기 위해 각국의 정부가 다양한 방법과 명분으로 '칼'을 들이댈 수 있기 때문이다.

3 경쟁 업종의 공세와 예견되는 '정책·규제 리스크'는?

방송과 통신이 융합된 오늘날에는 '동일 서비스는 동일 규제'라는 수평 규제 원칙과 규제 완화가 강조된다. 그래서 지상파 방송, 유료방송 등 기존 방송 서비스와 그것이 지닌 공익성, 공공성이 상대적으로 약한 인터넷 서비스를 정책과 규제 영역에서 어떻게 차별화할지 IPTV는 물론 OTT 출현 당시부터 뜨거운 쟁점이 되었다. 그러나 인터넷 기반의 이런 신생 매체들이 규제를 피해간 이유는 국내를 포함해 국제적인 견지에서 기존의 방송과 탄생 개념과 적용 법계가 다른 데다 고객의 '복지 확대',

산업의 '혁신과 성장 견인'이라는 순기능이 컸기 때문이다.

FAST는 인터넷 스트리밍 서비스라서 국내에서는 현재 '방송법'상 방송 서비스가 아니라 인터넷망을 통해 방송 콘텐츠 등을 제공하는 '전기통신사업법'상의 '통신 부가서비스'에 속한다. OTT와 법적 성격이 같아 '정보통신망 이용촉진 및 정보보호 등에 관한 법률'(이하 '정보통신망법')이 정한 불법 정보 유통 규제와 같은 '최소한의 규제'만 받을 뿐 기존의 방송 사업처럼 사업진입·소유·편성·내용·가격 등의 규제는 받지 않는다.

다만 '최소한의 규제'가 FAST 채널의 입장에서는 예상 외의 분야에서 꽤 까다롭게 출현하고 있다. 가장 먼저 제기되는 이슈는 FAST의 장점인 맞춤 광고나 표적 광고는 기획 집행을 할 때 메시지가 전달되는 대상인 이용자들로부터 개인정보 활용 허락을 얻어야 한다는 것이다. 특정 이용자의 시청 습관과 검색 정보, 이용 패턴 등은 개인정보보호법의 규제를 받기 때문이다.

이어서 FAST 채널을 운용하는 국가마다 자국 미디어 산업의 경쟁력과 해외 채널을 대하는 정서가 달라 적용되는 규제는 FAST 채널 사업자에게 복병과 같다. FAST 플랫폼들은 채널의 첫 화면, 메뉴 화면, 리모컨 등을 대형 서점의 매점의 입점료나 공간 사용료처럼 거의 빠짐없이 비용을 받고 구성해 운용하는데, 이때 특정 업체, 특정 채널, 특정 콘텐츠를 부각하거나 편중 편성하는 것을 바로잡으라고 행정명령을 하는 경우가 많다.

업체별, 채널별 시장 점유율과 불공정행위 여부도 국가마다 면밀하게 들여다보고 있다. LG전자에 따르면 넷플릭스와 같은 미국계 OTT의 공세로 자국 미디어가 많이 위축되거나 거의 초토화된 영국, 프랑스, 독일 등 유럽권 국가에서 특히 이런 규제가 특히 심하다. 영국의 경우 BBC만 온전히 버텨냈을 정도다. 이런 상황이 되면 해당국이 쉽게 '칼'을 뽑을 수 있다.

유럽연합은 2018년 11월 시청각 미디어 서비스 지침(AVMS, Audiovisual Media Services Directive) 개정 이후 유료방송의 VOD 서비스와 OTT를 '시청각 미디어 서비스(AVMS, Audiovisual Media Services)'로 분류했는데, FAST도 이 같은 범주로 간주할 가능성이 있다. 물론 AVMS를 아직 자국법에 반영하지 않은 EU 회원국도 일부 있다. 시청각 미디어서비스는 방송망, 인터넷망 등 전송 경로에 차별을 두지 않는 '미디어 서비스 제공업자가 편성표나 카탈로그에 따라 제공하는 영상 서비스'를 말한다.

미국에서는 가상다채널방송사업(vMVPD, Virtual Multichannel Video Program Distribution)의 하위 범주인 FAST를 OTT와 함께 다채널방송사업(MVPD, Multichannel Video Program Distribution)으로 분류할지가 관심사다. 'MVPD'는 케이블, 위성, 광섬유를 통해 정기 가입자에게 기존의 실시간 TV 채널 등을 제공 또는 판매하기에 규제와 사업자의 의무가 상당하다.

반면 'vMVPD'는 인터넷망으로 실시간 TV와 주문형 비디오 콘텐츠를 혼합해 제공하는 선형 온라인(인터넷) 스트리밍 서비스이므로 그것이 미약하다. vMVPD는 고객이 단일 소스에서 여러 채널에 접근할 수 있으며, MVPD보다 가격이 더 싸고 이용자의 선택권도 더 많다. 또 케이블과 위성TV 구독자의 감소로 광고주에게 더 나은 광고 도달 범위를 제공한다.

다만 사업 모델 간 차이점이 미세하지만 분명해 충돌하는 문제가 많아 사업 획정(劃定)이 쉽지 않은 상태다. FAST가 속한 AVOD, 즉 광고 기반 주문형 비디오와 그것의 상위 범주인 vMVPD는, 전송 경로(인터넷)와 방식은 같지만 AVOD가 무료인데 비해 vMVPD는 구독료가 있는 점이 다르다. 넷플릭스 따위의 OTT가 속한 구독 기반 주문형 비디오는 주문형 콘텐츠만 제공하지만, vMVPD는 실시간 TV와 VOD 콘텐츠를 모두 제공한다는 점에서 두 가지 서비스는 서로 차이가 난다(Boyle, 2022).

미국에서는 이미 FAST와 유사한 OTT를 두고 선형 실시간 콘텐츠 서비스이니 MVPD인 케이블TV 방송 사업자와 분류 및 규제 수준이 같아야 한다며 MVPD로 분류를 추진 중인 연방통신위원회(FCC, The Federal Communications Commission)와 집권당인 민주당, 그리고 그것은 낡은 논리라면서 반대하는 야당인 공화당 간에 논쟁이 있었다. 이 논쟁은 2014년 이후 10년이나 이어졌으나 아직 결론이 나지 않았다.

이런 개략적인 흐름을 볼 때 FAST 사업에 대해서는 세계적으로 이용자의 '복지 확대', 산업의 '혁신과 성장'에 초점을 둔 모습이다. 규제는 불필요하며 만약 규제해도 '최소한'에 머물러야 한다는 주장이 주류를 이룬다. 사용자와 광고주가 모두 FAST 플랫폼의 '고객'이고, 광고주들은 효율적인 스트리밍 광고의 결과로 비용 절감과 매출 확대라는 이익을 얻고, 광고주들은 그 이익 일부를 고객에게 전달할 것이 예상되므로 이 사업을 규제할 건전한 경제적 근거가 없다(Leonard, 2019)는 것이 뒷받침 논리다.

FAST와 같은 새로운 인터넷 서비스가 창출하는 가치는 무엇보다도 '시간 절약'이고, 이것은 이용자들에게 유익하기에(Varian, 2009; Nakamura and Soloveichik, 2015) 탈규제(脫規制)나 최소 규제에 방점이 찍혀 있다는 것이다. 일례로 구글(Google)의 서비스(1998년 4월 검색 서비스, 2007년 G메일 공개 후 2014년 웹 기반 무료 이메일 계정 서비스 각각 개시)는 전체 미국인에게 연간 650억 달러(약 83조 8000억 원)를 절약하게 해주는 효과가 있다는 연구가 제시되었다(Varian, 2009; Chen et al., 2014).

FAST에 대한 무규제나 최소 규제의 논리는 특히 국가와 세계 차원의 혁신과 기술 개발의 촉진과도 맞닿아 있다. 텔레비전과 엔터테인먼트 산업에서 새로운 비즈니스 모델 확립을 촉진한 것은 혁신과 기술 개발이니(Sandsgaard and Sem, 2023), 혁신과 기술 개발을 장려해 시장을 활성화하려면 축소·제한적 접근보다 확장·적극적 접근을 해야 한다는 것이다.

그러나 미국계 글로벌 미디어 기업이 주도하는 FAST 서비스가 지구촌에 급속도로 확산해 점차 주축 매체가 되면서, '방송 강국' 미국의 일방적인 FAST 사업 영토 확장을 경계하는 정서에 따라 FAST 서비스 자체에 대한 일정한 가이드라인을 마련해야 되지 않느냐는 주장도 힘을 얻고 있다.

유럽연합은 특히 EU 권역 내에서 EU 회원국의 방송 서비스가 위축되지 않고 자유롭게 전송 및 유통되도록 하는 데 정책의 초점을 맞춘다. 여기에는 다른 나라의 FAST 서비스가 EU 권역에 진출하는 것을 보장하되, EU 고유의 방송 서비스가 억눌리는 환경을 막겠다는 의도가 깔려 있다.

FAST 서비스가 시작된 나라에서 공통적으로 거론되는 정부의 관리 수준은 '최소한의 개입·규제'다. 그것은 대체로 콘텐츠 내용의 건전성과 이용자 권익 보호에 관한 것이다. 영유아, 청소년, 장애인 등 시청 취약 계층에 대한 보호와 편의 제공, 표적 광고의 기반이 되는 FAST 플랫폼의 데이터 수집 과정에서 비롯되는 개인정보 보호 등에 대한 우려를 불식시키는 것 등이다.

기본적으로 사업자들의 철학과 양심을 믿지만 경쟁이 치열해질 경우 기존 원본 콘텐츠의 제공을 벗어나 원본 콘텐츠를 내용 심의나 등급 심사 전의 단계로 복원, 또는 제재받은 부분, 잘린 부분 등 새로운 내용을 추가 편집한 콘텐츠를 방송할 우려가 있기 때문이다. 마케팅하려는 목적에서 '무삭제판', '19금판', '29금판', '감독판', '작가판' 등 호기심을 끄는 다채로운 변형 버전으로 취약 시청자 보호에 혼란을 초래할 가능성이 있다.

먼저 우리 정부는 필자의 확인 결과 FAST 채널을 새롭게 태동한 미디어로 인식하고 관련 산업의 생태계 조성과 사업 진흥을 하려는 원칙을 갖고 있다. FAST 사업이 규제가 없는 이점 덕분에 시작한 방송 서비스인데다(강소현, 2022), 해외 시장의 성장세가 가파르기 때문이다. 과학기술정보통신부는 세계 시장 주도권 확보를 위해 FAST 플랫폼의 해외 서비스 확산 등 글로벌 시장 진출 촉진, K-FAST 얼라이언스 조성 및 협업 강화 등 육성책을 2024년 2월 13일 발표했다.

현재까지 FAST 채널 정책은 과학기술정보통신부의 경우 OTT활성화 지원팀에서 다루고 있다. 방송통신정책을 관장하는 방송통신위원회도 외국의 FAST 산업 현황과 개별 채널 사례를 살펴보며 산업의 성장 가능성, FAST 채널의 시청 장치와 관련 앱의 특성, 그것의 혁신 가능성 등을 면밀하게 살펴보고 있다. 과학기술정보통신부 산하 정보통신정책연구원은 2023년까진 "FAST가 구독형 OTT는 물론 유료방송 서비스와 보완적인 관계로 성장할 산업"(이종원, 2023)이라는 관점에서 접근했다.

FAST 채널이 크게 성장하고 점차 주목을 받으면서 경쟁 사업자들이 FAST 채널의 규제를 주장하고 있어 이런 사업자 간 이해를 어떻게 다룰

지도 초미의 관심거리다. 일례로 우리나라 유료방송업계는 FAST의 급성장과 유료방송 가입자의 이탈(2023년 상반기에만 전년동기 대비 20만 가구 감소한 1263만1281가구 집계)을 경계하며 정부에 FAST의 규제를 요구한다. FAST 서비스가 세계 시장에서 암암리에 파이를 키우고 있는 데다 이런 기세를 바탕으로 국내에서도 LG전자와 삼성전자 등 재벌 계열 가전업체들이 사업을 강화 중이기에 '실제적 위협'으로 느낀 까닭이다.

정부의 견해는 "현재까지는 규제의 방향성은 물론 세부 방침이 없다"이다. 만약 규제한다 해도 최소한의 규제만 하겠다고 강조한다. 그 이유는 FAST 채널이 경쟁 원리에 의해 시장이 형성되고 있고, 이미 '글로벌 미디어'로 부상 및 확장하고 있어 진흥이 당연한 방향이라 보기 때문이다. 인허가제 방송사업이 아닌 통신 부가서비스 사업이라서 규제 근거와 명분이 약한 것도 이유다. 과학기술정보통신부 관계자는 "FAST 채널을 규제할 경우 서비스 운용의 기본에 관한 사항만을 다루지 않을까 생각한다"라고 밝혔다.

서비스 운용의 기본에 관한 사항은 FAST 운영 주체가 콘텐츠를 제공하는 기존 방송사와 같이 건전성을 갖추고 콘텐츠 제작, 수급, 편성 등에서 상거래 질서를 지키고 이용자 보호 정책을 수립해 잘 이행하는 것이 해당한다. 심의의 적용 법계는 '방송법'이 아닌 '정보통신망법'이다. 따라서 아동과 청소년 보호 등과 관련된 콘텐츠 심의는 이 법에 따른다.

FAST 산업에 대한 예상되는 진흥정책은 FAST 채널 산업의 생태계 조성과 촉진, 해외 시장 진출 확대 지원 등에 관한 것이다. FAST 채널 시청의 기반이 되는 스마트TV 수상기 판매를 촉진하고 FAST 채널을 태블릿, 휴대전화 등 모든 모바일 기기로 볼 수 있도록 장치나 앱을 폭넓게 지원하는 내용이 포함될 가능성이 크다.

1990년대 중반부터 정보격차(情報格差)를 뜻하는 '디지털 디바이드(digital divide)'라는 용어가 등장해 커뮤니케이션과 교육 인프라 구축 정책의 기조가 되었다. 마찬가지로 FAST 채널 시대에는 고가의 시청 기기인 스마트TV의 소득 수준별 보급 격차(한국의 스마트TV 보급률은 2022년 말 63.5%로 2023년 미국·영국의 74%보다 10.5% 포인트나 낮다)로 인해 'FAST 디바이드(FAST divide)'란 말이 나타나 그것의 해소가 정부 방송정책의 주요 과제가 될 가능성도 있다.

앞에서 개요를 설명했듯이 영국과 미국은 FAST에 대해 기초적인 수준에서 규제를 검토 중인데, 주안점은 콘텐츠에 대한 위해 계층 보호에 두고 있다. OTT와 같거나 유사한 범주로 다뤄질 매체이자 산업 섹터로 보기 때문이다. 현재 영미에서 FAST 관리는 채널 운영 업체가 스스로 정한 규칙에 따라 부적절하거나 해로운 콘텐츠를 걸러 내거나 처리하는 수준이다.

따라서 시청자는 FAST 채널로 보는 프로그램 가운데 심각하게 우려되는 것이 있어도 커뮤니케이션 분야 규제기관인 미국의 연방통신위원회(FCC)나 영국의 오프콤(Ofcom)에 불만을 제기할 수 없으며, 규제기관이 문제를 발견했다 해도 권한이 없어 벌금 부과나 기타 제재를 가할 수 없다.

영국은 전체 가구 대비 스마트TV 보유 가구 수가 2014년 11%에서 2023년 74%에 육박한 가운데(Laricchia, 2023), TV 시청 가구의 약 70%가 FAST의 이용이 가능한 스마트TV를 보유하고 있다. 아울러 플루토TV, 삼성TV플러스, LG채널, 아마존 프리비, 카팡(Kapang)과 같은 FAST 서비스가 가동되어 최대 900개 채널까지 접속해 이용할 수 있다.

만약 영국에서 현재 무규제 상태인 FAST가 기존의 OTT와 같은 범주로 분류된다면, OTT처럼 '통신법'(Communications Act 2003)의 적용을 받아 청소년 보호를 위한 광고 및 유해 콘텐츠 차단, 자막 송출과 같은 대상의 접근성 향상 등의 규제가 뒤따르고, 이를 불응 또는 위반 시 벌금, 서비스 제한, 등록 취소가 취해질 수 있다(김수원·김대원, 2019).

영국의 루시 프레이저(Lucy Frazer) 문화미디어스포츠부 장관은 2023년 9월 20일 왕립텔레비전협회(Royal Television Society)가 주최한 케임브리지 컨벤션에서 "디지털 시대에 맞게 방송 규칙을 현대화하고 규제되지 않은 TV 채널을 오프콤(Ofcom)의 방송 규정 범위에 포함하겠다. FAST 채널 콘텐츠를 기존 TV의 콘텐츠 규칙과 일치하도록 조정하겠다"라고 밝혔다(Frazer, 2023). FAST에 대한 소관 사무는 오프콤이 맡기로 했다.

영국에서 FAST 서비스는 현재 규제의 사각지대에 있으므로 정부가 개정 미디어 법안 초안을 마련하는 과정에서 스트리밍 서비스에 대한 새로운 콘텐츠 규칙을 보완해 정비하기 위한 것이다. 현재 영국에서는 신종 방송 서비스 가운데 프리뷰(Freeview), 프리샛(Freesat), 스카이(Sky), 버진 미디어(Virgin Media) 및 유뷰(YouView)의 EPG(Electronic Program Guide)만 방송법에 따라 규제된다.

루시 프레이저 장관은 배포한 보도자료에서 새로운 미디어 환경에서 무한한 선택과 기회의 제공, 치열한 글로벌 시청자 경쟁 속에서 공정한 경쟁을 보장하기 위한 TV 산업의 잠재력을 강조하면서 규제 내용을 제시했다. 규제 원칙은 언론의 자유의 보호, 어리고 취약한 사람의 보호, TV 산업에 대한 과도한 부담을 주지 않는 것들 사이의 균형을 맞추는 것이라고 말했다.

규제의 골자는 유해 프로그램으로부터 아동, 청소년 등 취약한 시청자를 보호하는 것이다. 루시 프레이저 장관은 "지금까지 정부가 규제되지 않은 방송 EPG를 최소 19개 이상 식별했기에 그중 기존 규정을 벗어나는 채널이 있는지 살펴보고, 향후 6개월간 영국 TV의 미래를 살펴보는 새로운 연구도 진행하겠다"라고 설명했다(Fast Broadcaster, 2023b).

미국 FCC는 근본적으로 인터넷 콘텐츠를 제공하는 산업에 대해 광대역 서비스 혁신 및 투자 촉진, 통신 혁명의 전개에 적합한 경쟁 체제 확보와 국가 경제 지원, 신기술이 다양성과 지역주의와 함께 번창하도록 하는 미디어 규정 개정 등에 정책의 방점을 둔다.

따라서 라디오, 텔레비전, 유선, 위성과 케이블 방송, 국제 통신만을 규제할 뿐 아직 FAST에 대한 별도의 규제 움직임은 없다. FAST를 창업 신고만 하면 누구나 시장에 들어와 서비스할 수 있는 온라인 정보서비스(동영상 제공 사업자)로 보기 때문이다. 프로그램도 자유계약에 의해 공급받는다. 대부분의 OTT 서비스도 이와 같은 범주다.

현재 미국의 관심사는 앞에서 설명한 대로 현재 인터넷 기반의 vMVPDs인 FAST와 OTT 서비스가 규제를 적용받는 다채널방송사업으로 분류될지 여부다. 기술 진화에 따른 매체환경 변화, MVPD 산업의 위축과 OTT 및 FAST 사업의 급성장, 복잡한 콘텐츠 수급 협상 구조 등의 문제로 이해관계가 첨예해 아직 결론이 나지 않았다.

전송망(설비) 특성과 목적을 기준으로 볼 때 MVPD에 속하는 케이블 TV는 주정부 혹은 카운티 단위의 개별 허가를, 지상파와 위성TV는 FCC의 승인을 받아야 한다(김수원·김대원, 2019). FAST와 OTT가 MVPD로 분류될 경우 규제가 부과되지만, 한편으로 프로그램 접근 규칙, 재전송 동의 규칙을 적용받기에 안정적인 콘텐츠 공급 확보라는 유리한 점도 누리게 된다.

현재의 FAST 서비스에서 행해지고 있는 것과 같은 '자유계약에 의한 콘텐츠 공급 구조'는 콘텐츠 수급에서 종종 갈등을 일으켰다. 2010년 OTT 사업자인 스카이엔젤(Sky Angel)이 위성 전용망에서 인터넷 범용망으로 서비스 경로와 체제를 변경한 유료TV 채널 디스커버리(Discovery)와 계약을 해지하자, 디스커버리는 콘텐츠 제공 중단으로 맞섰다. 이 사건으로 FCC가 MVPD 판단 기준에서 전송기술을 제외, OTT를 MVPD로 분류하려는 입법 움직임이 나타났다.

최근에는 이 이슈가 진전되어 FAST 사업의 운명에도 영향을 줄 만한 격한 논쟁이 일어났다. FCC는 민주당과 공조해 2023년 8월 vMVPDs인 스트리밍 서비스를 1990년대 제정된 '케이블 법'에 따라 MVPD로 묶으려 했다. 그러자 공화당 양원은 "온라인 비디오 생태계의 고유한 특성과 복잡성을 무시한 처사라 반대한다"라고 반발하면서 의회에 조사를 촉구했다(Baumgartner, 2023). FCC의 당초 의도와 목표는 vMVPDs를 기존의 MVPD와 동일한 조건에서 경쟁하도록 환경을 만들겠다는 것이다.

FCC 계획대로 만약 MVPD에 대한 재분류가 이뤄지면 주문형 구독 비디오(SVOD), 디즈니플러스, FAST 채널인 투비는 반드시 MVPD에 포함되는 것은 아니지만, 스트리밍 전용 콘텐츠와 지역 방송 채널을 결합상품으로 묶은 피콕, 파라마운트플러스는 MVPD에 포함될 수 있다. 이런 서비스가 MVPD로 분류되면 케이블, 위성 사업자와 같은 조건으로 방송사, 케이블 네트워크와 콘텐츠 수급 계약을 협상해야 하기에 비용과 수

고가 많이 든다.

라이브 스포츠 중계를 중심으로 사업을 키워 가입자 157만 명을 확보한 푸보TV도 "FCC의 재정의로 우리를 vMVPDs가 아닌 더 넓은 범주의 MVPD[컴캐스트의 엑스피니티, 차터의 스펙트럼(Spectrum), 디시(Dish) 및 다이렉TV 등]로 재분류한다면 지역 방송 시청과 콘텐츠 수급 협상이 어려워진다"라고 항변했다(Fast Broadcaster, 2023). vMVPDs에는 유료방송의 대체재 역할을 하는 유튜브TV, 훌루, 슬링TV, 필로(Philo), 다이렉TV 스트림(DirecTV Stream) 등이 있다.

일본 정부는 방송 사업을 크게 두 가지로 분류한다. 기존의 지상파 방송, 케이블TV와 같이 법적 규제를 하는 '기간방송'과 OTT와 같은 인터넷 방송 서비스를 규제가 없는 '일반방송'으로 나눠 규제를 차별화하고 있다. 따라서 앞으로 미국, 영국, 한국 등 다른 나라처럼 FAST 서비스가 활성화한다면 그것을 일반방송의 범주로 보고 방송 서비스의 촉진과 경쟁력 강화에 주력할 것으로 보인다.

우리나라의 경우 FAST 사업의 성장을 계기로 '방송법'과 '정보통신망법'상의 매체와 콘텐츠 서비스들의 유형을 일관된 원칙과 기준에 따라 재분류할 필요가 있다. '정책·규제·망·서비스·사업자 통합'이란 방송·통신의 융합시대 철학, '동일·유사 서비스, 동일 규제' 기조의 수평 규제 원리가 반영되어야 한다. 속속 진화하는 미디어 환경을 반영해 국내 FAST 산업 등의 국제 경쟁력을 키우려면 이해관계자들과 전문가 집단의 토론·숙의를 토대로 국회에서 합의해 두 가지 법률의 '통합 조정·개정' 입법을 조속히 마쳐야 한다.

FAST가 '성공사업'이
되기 위한 과제는

1 될 수 있으면 단기에 '유력 플랫폼'으로 키워라

FAST 채널은 될 수 있는 한 사업 초기에 매력적인 콘텐츠의 충분한 공급으로 이용자를 많이 확보하고 그와 연계해 광고 유치를 잘해야, 경영이 흔들리지 않는 안정적인 플랫폼으로 시장을 선도할 수 있다. 시장 선점은 쉬운 일이 아니지만, 단기간에 자본과 자원을 집중하는 모습으로 이뤄지는 게 낫다. 서서히, 차근차근 성장하는 경영전략으로는 새로운 경쟁자들이 속속 진입하고 급변하는 시장에서 눈길조차 끌기 어려워 살아남기 힘들다. 이용자들의 시선을 사로잡으면서 업계를 이끄는 위치를 점하려면 불가피하다.

단기에 '유력 플랫폼'으로 성장하는 경영전략은 FAST 채널의 경영적 안착과 성공, 나아가 지속 가능 경영의 핵심 요소다. 더욱이 FAST 채널은 이용자의 수와 직결된 네트워크 영향력과 광고 수익이 운명을 좌우한다. 따라서 FAST 채널은 충분한 광고 수익 확보로 경영 안정을 이뤄, 그 재원을 기반으로 더 좋은 콘텐츠를 수급하고 편성할 필요가 있다. 이런 목표를 달성하려면 체계적인 전략에 따라 회원(이용자)을 확보하고 차별화된 콘텐츠로 편성해야 한다. 광고주들에게 '이용자 데이터 분석이 정확한 플랫폼', '광고 효과가 좋은 플랫폼'으로 인식되면 너도나도 광고하려 할 것이다.

그간 성공한 플랫폼(앱)의 사례에서 이용자 100만 명 달성 시간을 살펴보면 관련 시장의 초기 선점이 굳건한 '게임 체인저'로 자리 잡는 데 얼마나 중요한 요소인지 알 수 있다. 경제 매체 ≪비즈니스 인사이더(Business

그림 7-1 | 성공한 플랫폼들이 이용자 100만 명 확보에 걸린 기간 (연도는 창립 연도)

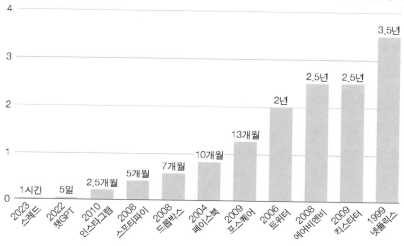

자료: Business Insider; Buchholz(2023).

Insider)≫의 분석에 따르면 2023년에 선보여 세계 각국의 SNS 이용자들 사이에서 이슈의 중심이 된 이용자 공유형 소셜 네트워크 서비스인 트레드(Treads)는 단 1시간 만에 이용자 100만 명을 달성했다(Buchholz, 2023).

2022년 등장해 인간 대체 논란을 일으키며 센세이션을 일으킨 오픈 AI 챗GPT(ChatGPT)는 단 5일 만에 이용자 100만 명을 넘었다. 2010년 창업한 숏폼형 소셜 네트워크 서비스인 인스타그램(Instagram)은 2.5개월, 2008년 론칭한 음악 서비스 플랫폼인 스포티파이(Spotify)는 5개월, 미국의 IT 회사 Dropbox가 2008년 창업한 클라우드 스토리지 서비스 업체인 드롭박스(Dropbox)는 7개월, 2004년 첫선을 보인 메타의 페이스북(Facebook)은 10개월, 2009년에 착수한 위치 기반 소셜 네트워크인 포스퀘어(Foursquare)는 13개월이 각각 소요되었다.

2006년에 사업을 시작한 트위터(Twitter, 현재 명칭 'X', 소유주 일론 머스크)는 2년이, 2008년에 첫선을 보인 여행·항공·숙박 서비스 플랫폼 에어비앤비(Airbnb)와 2009년에 시작한 미국의 크라우드펀딩 사이트이자 세계 최대의 크라우드펀딩 플랫폼 기업인 킥스타터(Kickstarter)는 각각 2.5년이 걸렸다. 1999년에 사업을 시작해 훗날 OTT 선풍을 일으키며 세계 콘텐츠 플랫폼 시장에서 최강자로 우뚝 선 넷플릭스는 이용자 100만 달성에 3.5년이 걸렸다. 넷플릭스는 원래 방송 사업자가 아니었다.

2 '매력적인' 콘텐츠를 '충분히' 공급하라

FAST 채널 운영 업체들은 채널에 이용자가 많이 유입되고 이를 기반으로 광고 수익을 내는 수익모델로 경쟁한다. 텔레비전의 세계화는 새로 형성된 TV 콘텐츠 가치사슬의 역학에 의해 주도되었다는 점(Chalaby, 2016)을 직시할 때, 그런 수익모델을 현실화하려면 이용자의 구미에 맞고 그들 내면의 감정선에 호소하는 '매력적인 콘텐츠'를 충분히 수급해 편성해야 한다.

매력적인 콘텐츠는 당연히 FAST 채널의 회원 수를 많이 증가시킨다. 회원 수가 늘어나면 콘텐츠 소비가 늘어나고, 콘텐츠 공급업체의 수익이 증가하며 광고 수익이 늘어날 가능성이 커져, FAST 채널 운영 업체와 콘텐츠 공급업체가 동시에 분담 수익을 비례적으로 점차 많이 확보하게 된다. 광고주도 광고 효과가 뚜렷해져 소기의 혜택을 받을 수 있다.

FAST 채널들은 수익성을 높이고자 이용자들에게 될 수 있는 대로 많은 수의 광고를 보게 할 가능성이 크다. 이를 위한 유인책은 FAST 채널 서비스에서 무료로 제공되는 콘텐츠밖에 없다. 이용자에게 그런 부담을 지우려면 많은 광고 수만큼 프로그램의 질적 수준이 높아야 한다(Goldfarb and Tremblay, 2014). 매력이 없거나 볼품없는 콘텐츠는 무용하다는 뜻이다.

매력적인 콘텐츠는 참신성, 흥미성, 몰입성, 화제성, 가치성, 규모 등을 충족한다. 보통 이용자들이 이런 특성을 갖춘 콘텐츠에 열광하고 인내하며 많은 광고를 봐준 것에 대한 교환가치인 '만족감과 대가'를 얻었다고 느끼기 때문이다. 유료방송이나 OTT에서처럼 재방(再放), 삼방(三放)된 프로그램보다 창작한 오리지널 작품이 더욱 매력을 끌 것이다.

요즘 많은 FAST 채널들이 과도한 비용 부담을 우려해 제작비가 많이 드는 오리지널 작품 제작에 직접 투자하지 않는 것으로 보아, 처음 방송된 매력적인 콘텐츠나 알려지지 않은 흥미로운 이벤트 콘텐츠를 찾는 것도 가성비 전략에서 유용하다. 삼성전자의 삼성TV플러스도 아직 오리지널 작품에 투자하지 않고 기존의 다양한 콘텐츠 공급자와 협력해 다른 채널에서도 볼 수 있는 콘텐츠를 서비스하는 데 집중하고 있다.

FAST 플랫폼들은 효율적인 콘텐츠 수급을 위해 방송사, 영화사, 외주제작사, 엔터테인먼트사의 '콘텐츠 제작 계획'을 미리 살펴 독점 또는 염가 수급의 기회를 잡아 수익을 내면서 점차 자체 제작 콘텐츠를 늘려가야 한다. 특히 오리지널 콘텐츠를 외국에서 수입하거나 국내에서 만든 것을 방영할 때 흠결이나 분쟁 등 뒤탈이 없는 수급 계약을 해야 한다.

앞으로 FAST 채널은 TV, 디지털 위성방송, IPTV, OTT 등 유료방송과 치열하게 경쟁할 것이 뻔하고, 이 유료방송들은 FAST 채널 또는 이와 유사한 서비스를 내놓거나 자사의 FAST와 기존 상품을 묶은 '결합상품'을 출시하는 방법으로 FAST 채널의 공세에 대응할 수 있다.

이런 상황에서 이용자의 선택을 받을 수 있는 유일한 방법은 킬러 콘텐츠(killer content)를 포함한 차별화된 콘텐츠를 충분히 확보해 풍성한 콘텐츠 아카이브를 구축해야 한다. 다른 플랫폼에서 볼 수 없는 특별하고 색다른 '콘텐츠 매장'을 꾸려야 한다는 것이다. 이를 위해 FAST 채널이 다채로운 영역과 장르에 걸쳐 있는 콘텐츠 공급업자와 협력하는 것은 당연하다.

플랫폼이 경쟁 우위를 확보하려면 성장 전략의 일환으로서 새로운 고객층의 관심을 끄는 동시에 구독자당 평균 수익을 높이는 독창적인 콘텐츠를 보유해야 한다는 연구 결과가 이미 제시되었다(Sandsgaard and Sem, 2023). 궁극적으로 오리지널 콘텐츠의 확보가 사업의 성패를 좌우한다는 것이다. 오리지널 콘텐츠는 참신한 아이디어를 구현하는 '독창성', 경쟁 서비스의 밋밋한 콘텐츠와 구별되는 '배타성', 판권과 부가 상품 판매로 수익성이 높아지는 '경제성'이라는 속성을 지녀 사업에 유리하기 때문이다(이종원, 2023).

실제로 OTT 플랫폼인 넷플릭스가 사업 초기와 성장기에 막대한 자금을 쏟아부어 오리지널 콘텐츠 제작에 나선 것과, 폭스가 아프리카계 미국인들을 위해 특화한 FAST 채널을 만든 것도 색다르고 매력적인 콘텐츠로 시장 선점을 하기 위한 것이었다. 오리지널 콘텐츠를 현지 국가의 채널에 편성할 때는 종교나 터부 등 현지의 문화적 금기 요소를 신중하게 점검해 친화성과 수용성이 높은 것을 선별하는 안목이 필요하다.

요컨대, 오늘날 방송산업 경쟁의 특징은 '시청자 기반' 구축이며(Doyle,

2002), 이를 위해 프리미엄 콘텐츠와 다채로운 콘텐츠를 공급하기 위한 '시청각 아카이브(audiovisual archives)' 구축에 몰두한다는 점이다(Evens and De Marez, 2010). 더욱이 디지털 콘텐츠 플랫폼은 파일 데이터베이스 시스템으로 진화하고 있어 이를 실현할 최적의 환경이다.

따라서 FAST 채널 운용 업체들은 매력적이고 독점적인 프로그램을 최대한 많이 수급해, 할 수만 있다면 최다 장서를 보유한 도서관처럼 타의 추종을 불허하는 콘텐츠 아카이브를 구축하고, 이런 데이터 자산을 효율적으로 활용 또는 관리하면서 수익성을 높여야 한다. FAST 채널은 이런 경이로운 가치를 창출할 수 있는 새로운 유통 수단이라는 점에서 기회가 있다.

특히 FAST 플랫폼 업체들은 공급하는 콘텐츠의 양(量)과 질(質)이 동시에 충족되어야 한다는 점을 잊지 말아야 한다. 이를 위해 콘텐츠 제작 업체 및 공급업체들과 친화적인 관계를 구축해 상호 협력해야 한다. 자사가 콘텐츠에 제작 투자할 경우 지식재산권(IP, Intellectual Property) 확보에 사활을 거는 다른 회사처럼 저작권 보호 전략이 당연하게 적용될 것이다.

그러나 자사가 제작하든 협력사가 제작하든 '저작권 보호(copyright)'에만 천착하지 말고 필요하다면 '저작권 공유(copyleft)' 관점에서 접근해 광고 등을 덧붙여 더 큰 수익을 추구할 수도 있다. 묵혀서 썩거나 주목을 받지 못하느니 차라리 풀어서 광고나 여타 수익모델을 덧붙여 돈을 버는 전략이다. '카피라이트(copyright)'는 이탈리아 정부가 베네치아에서 세수를 늘리기 위해 인쇄업자에게 배타적 권리를 준 것이 시초였는데, 지식, 정보, 저작물은 개인의 재산이라서 배타적 권리를 줘야 창작활동이 활발해진다는 논리에 기초한다.

따라서 보통 미국 및 미국과 자유무역협정(FTA)을 체결한 국가에서는 베른조약(세계저작권협약) 등에 따라 '저작자 사후 70년'까지 그 권리를 보장한다. 실연가(實演家), 음반 제작자, 방송 사업자에게 인정되는 녹음, 복제, 이차 사용 따위에 관한 권리인 '저작인접권'의 보장도 강화되는 추세다. 저작재산 강국 중심으로 구성된 세계무역기구(WTO, the World Trade Organization)도 저작권 보호를 강력하게 추구하고 있다.

반면 카피라이트에 반해 생겨난 '카피레프트(copyleft)'는 1984년 미국 매사추세츠공과대학 인공지능연구소 연구원 출신의 프로그램 개발자 리처드 스톨먼(Richard Stallman)이 소프트웨어의 자유 이용을 주장하면서 출발한 개념이다. 이는 지식, 정보, 저작물은 개인의 독점물이 아닌 사회의 공유자산이라서 자유롭게 공유되어야 한다는 '저작권 공유 운동'으로 확산했다.

이러한 '카피레프트 운동'은 그간 누구도 말하지 않은 모순을 들춰냈다. 저작권이 정작 그 권리를 보호받아야 하는 저작권자보다 돈벌이에 치중하는 저작인접권자나 소송·법무를 대행하는 법률회사들의 논리라서 합당하지 않다는 지적이었다. 아울러 창작물의 유통·이용·향유의 자유가 폭넓게 확대되어야만 진정으로 창작이 활성화한다는 논리로 지지세를 넓혀가고 있다.

오늘날 TV를 포함한 콘텐츠 산업에서 '카피라이트'와 '카피레프트'가 관련 기업의 수준에서 사업전략에 병용되는 경우가 흔하다. 일례로 영화의 '예고편'과 '메이킹 필름(제작과정 녹화 영상)' 같은 맛보기나 시제품이 저작권 공유 개념으로 유통되는 것이라면, 극장의 상영 필름이나 원본 파일과 같은 본 제품은 저작권 보호 개념이 작동해 유통된다.

가수가 새로운 음반을 내놓을 때도 음반은 밀봉 포장해 각종 온·오프라인 매장에서 판매하지만, 음반 못지 많은 고비용을 들여 화려하고 고급스럽게 디자인해 제작한 뮤직비디오는 유튜브와 방송사 등에 무료로 풀고 있다. 불특정 이용자나 팬들에게 새로운 작품이 나왔다는 것을 널리 알려야 관람이나 이용, 또는 구매와 같은 소비자 행동을 유발할 수 있기 때문이다.

따라서 이제부터는 카피라이트와 카피레프트에 대해 상호 배타적으로 접근할 필요가 없다고 본다. 둘 중 하나의 선택을 하거나, 양자의 조화를 도모하는 게 합리적이다. 그런 선택의 조건은 수익성 판단에 기초한다. 가령 공들여 제작한 프로그램을 '카피레프트' 개념으로 무료 유통한다면 민영 지상파의 모델처럼 제작비를 상쇄하고도 남을 광고·협찬 수익을 기대할 수 있어야 한다.

FAST 채널도 사실 전파나 방송 송수신 전용 케이블을 이용하지 않고 편성 계획과 일정이 자유로울 뿐 상업광고를 재원으로 운영하는 지상파 TV와 다를 바가 없다. 광고하는 대가, 즉 이용자들에게 광고를 시청하게 하는 대가로 콘텐츠를 무료로 공급하기 때문이다. 따라서 FAST 채널들은 이러한 콘텐츠 유통 전략을 상황과 조건에 따라 선택적으로 잘 활용할 필요가 있다.

3 이용자의 '시청 편의성'을 최대한 높여라

FAST 채널은 이용자 수가 경영의 바탕인 광고 수익을 결정한다. 이용자를 많이 확보하려면 FAST 채널이 잘 구동되고 처음 접속했을 때의 첫인상부터 고객의 마음에 들어야 한다. 그다음 콘텐츠 검색과 선택이 편리해야 한다. 힘을 들이지 않아도 쉽게 콘텐츠에 접근하도록 해야 한다. 따라서 가장 먼저 신경 써야 할 것은 시청 기기와 인터넷을 연결해 FAST 채널을 가동시켜 주는 웹 운영체제와 FAST 플랫폼 접속 시 첫 화면이자 고객과의 첫 접점인 이용자 인터페이스다.

먼저 FAST 채널의 웹 OS는 접속이 원활하고 끊김이나 버퍼링 같은 장애 현상이 일어나지 않도록 안정화에 초점을 맞춰야 한다. 모바일 등 여러 기기를 통해 시청 가능하게 해주는 전용 앱도 호환성과 안정성에 초점을 맞춰 개발 및 출시해야 한다. 아직 FAST 채널 가운데 전용 앱이나 지원하는 스트리밍 장치가 없다면 이용자의 불편이 클 것이므로 조속히 마련해야 할 것이다. 과거 지상파 방송의 난시청과 같은 문제가 초래되기 때문이다.

FAST 서비스가 가동되는 스마트TV도 만들었으며 LG채널도 운용 중인 LG전자는 2014년 웹 OS를 처음 선보인 데 이어 2023년 10월 웹 OS를 매년 업그레이드해 상품성과 고객 만족도를 높이겠다는 계획을 발표했다. 각국에 팔린 약 2억 대의 LG 스마트TV 운영체제를 개선하고 향후 최첨단 OS를 장착한 TV를 내놓겠다는 의미다.

다음은 FAST 채널의 UI 혁신이다. FAST 채널들이 UI를 설계할 때는 자사의 경영철학과 마케팅 전략까지 모두 반영하겠지만, 가장 먼저 디자인부터 사용 편리성까지 고객의 관점에서 면밀하게 검토해 최적의 방안을 채택해야 한다. 실제 여러 FAST 채널을 서핑해 보면 첫 화면이 답답한 느낌을 주거나 너무 간단해 처음부터 무엇을 어떻게 해야 하는지 어리둥절하게 만드는 경우가 적지 않다. 이용자 관점에서 UI가 조금이라도 불편한 느낌을 주거나 불편 사항이 고객의 소리 코너를 통해 민원으로 접수된다면 이를 반영해 주기적으로 개선 작업을 해야 한다.

LG전자는 2023년 10월 스마트TV 웹 OS에 내장된 무료 동영상 앱 'LG 채널'의 UI를 대폭 개선하기로 했다. LG채널은 신버전인 'LG채널 3.0'을 내놓으면서 UI 구성과 디자인을 완전히 바꾸고 전용 채널 가이드를 제공해 콘텐츠 탐색의 편의성을 높였다. 삼성전자도 2023년 말 삼성TV플러스의 UI를 업데이트했다. 이용자들의 콘텐츠 탐색 편리성을 높이기 위한 목적이었다. 삼성TV플러스는 화면 왼쪽에 '내비게이션 바(navigation bar)'를 처음으로 도입해 이용자가 홈, 라이브 TV, 영화·TV쇼, 뮤직, 키즈 등 테마별 아이콘을 클릭하면 해당 페이지에 바로 접속할 수 있도록 했다.

마지막으로는 시청자가 FAST 채널을 이용할 때 광고 시청의 불편을 최소화하는 것이다. FAST 채널은 광고 규제가 없으므로 광고의 형식, 길이, 위치, 대상에 구애됨이 없이 광고를 자유롭게 집행할 수 있다. 이런 구조적 요인으로 인해 자칫하면 이용자들에게 '광고 피로도'를 심화시킬 수 있다.

따라서 채널 편성에서 시청자의 관심(콘텐츠 소비)과 FAST 플랫폼 관심(광고 노출)의 균형을 맞추는 '최적의 광고 스케줄' 설정이 필요하다

(Rajaram et al., 2019). 따라서 플랫폼들은 콘텐츠 소비와 광고 노출의 상호작용을 확인·조정하기 위해 콘텐츠의 에피소드를 모두 본 횟수를 나타내는 '연속시청도(Bingeability)'와 시청자가 광고 노출 후에도 계속 시청하려는 의지를 뜻하는 '광고용인도(Ad Tolerance)'를 측정해 활용한다.

이는 상업광고와 중간광고가 허용된 지상파 방송과 케이블TV, 또는 IPTV 등과 같이 광고 길이가 15초, 30초, 45초 등으로 제한되지 않고 콘텐츠의 재생 전(Pre-roll), 콘텐츠 재생 중 중간 삽입(Mid-roll), 콘텐츠 재생 종료 후(Post-roll)에 각각 끼어드는 광고물 배치의 규제도 없기 때문이다. 광고의 위치도 문제지만 채널 업체가 일방적으로 설정하게 될 광고의 편수와 편당 재생 분량도 적잖이 이용자들을 괴롭힐 수 있다.

FAST 채널 운영 업체가 수익에 치중해 과욕을 부리면 지나치게 길고, 너무 잦게, 이용자가 전혀 예상하지 못하는 위치에 '아무 때나 파고드는' 광고가 등장하면 그들을 불편하게 할 수 있다. 채널 업체들은 사전 조사를 통해 광고 수익과 이용자 편의 사이 '적정선'을 찾아 광고를 효율적이면서도 지혜롭게 편성해야 한다. 이용자들은 여러 FAST 채널을 돌며 어느 채널이 이용자를 배려하는지 면밀하게 비교하면서 선택 행동을 할 수 있다.

4 광고의 적극적 유치, 전략적 표적화가 필요하다

FAST 채널은 주 수익원이 광고이며, 디지털 광고의 부상에 따라 성장한 방송 서비스 산업이다. 따라서 이러한 광고 전략이 매력적이거나 지혜롭지 못하면 경영이 순탄치 못하다. 특히 FAST 산업 형성 초기인 현재 FAST 플랫폼 전용 광고 시장이 형성되어 있지 않아 FAST 채널마다 광고 수주 실적이 매우 미약하므로 광고 전략과 실적은 '사업성' 확보의 관건이 된다. 미국의 지역 방송사에서 황금시간대 방송시간의 25%를 광고에 할애하고 나머지 75%만 프로그램 방영에 쏟고 있는(Clutter Watch, 2001) 이유도 바로 이 같은 사업성과 지속 가능 경영의 문제 때문이다.

특히 이용자들은 FAST 채널 시청에 필요한 기기가 필요한데, 스마트 TV의 경우 대부분 고가여서 큰 결심이 필요하다. 일례로 이런 부담감을 지닌 이용자를 유인해 스마트TV를 사서 FAST 채널을 보게 하려면 FAST 채널이 제공하는 콘텐츠가 그만큼 흡인력과 매력도가 있어야 한다. 이런 프로그램들은 처음에는 FAST 채널 업체가 초기 투자의 개념으로 접근해 구매하지만, 결국은 광고 수익이 유지될 것이다.

광고주들은 그들의 이익에 부합하거나 유리한 프로그램, 또는 그것을 제공하는 매체에 돈을 쓰기 때문에(Snider and Sinclair, 2002), 프로그램의 품질은 광고 유치의 측면에서 매우 중요한 요소다. FAST 채널이 양질의 콘텐츠를 풍성하게 갖춘다면 이용자만을 자사 채널로 유인하는 효과가 나타나는 것이 아니다. 동시에 광고주의 광고 집행을 촉진할 수 있다. 광고주들의 광고 집행이 늘어나면 채널의 안정된 콘텐츠 공급으로 선순환된다.

결론적으로 FAST 채널들은 좋은 콘텐츠를 될 수 있으면 많이 서비스해야 하는 것은 기본이고, 나아가 콘텐츠의 매력과 가치에 따라 차별화된 광고 효율을 적용하고 다양한 광고 모델을 개발하는 적극적인 경영전략을 실행해야 한다. FAST는 표적화 광고의 집행이 특색인 만큼 이용자에 대한 다양한 분석과 세분화를 통한 전략적인 광고 기획이 필요하다.

현재 FAST 채널의 광고는 길이, 위치에 구애 없이 집행되는데 광고주의 요구에 따라 15초나 30초짜리가 가장 흔하다는 게 업체의 설명이다. 콘텐츠 서두, 중간, 끝 등 다양한 위치에 파고든다. 이용자가 쓰는 리모컨에는 광고비를 낸 넷플릭스나 디즈니플러스와 같은 채널의 직통 버튼이 배치되고, 초기 화면 구성에서 광고료를 낸 채널이 눈에 띄는 크기로 시인성(視認性) 좋은 위치에 배치된다. 리모컨은 보통 6개월 이상의 일정 주기별로 가전업체가 새로운 TV를 내놓을 때 새로운 광고주로 버튼을 구성해 교체된다. 이용자가 주로 사용하는 장르의 앱, 주로 즐기는 콘텐츠 속성, 검색 정보 등이 온통 광고의 데이터로 사용되고 있다.

콘텐츠 공급자와도 광고 수익을 공유 가능하다. 그래서 특히 외국에서 수입한 독창적인 원작 콘텐츠와 국내에서 만든 오리지널 콘텐츠를 방영할 때 광고 수익을 어떻게 배분할지 수급 계약 전에 지혜를 잘 짜야 한다. 배분 비율은 FAST 채널과 공급자 가운데 누가 주도권(상거래에서 갑과 을의 역학)을 갖느냐에 따라 천차만별이다. FAST 사업이 우리나라보다 활성화한 미국 등에서는 적지 않은 FAST 채널 업체가 이런 문제로 원치 않는 분쟁에 휘말리고 있기 때문이다.

2020년 1월 미국 FAST 플랫폼의 선두 주자이자 FAST 시청용 스트리밍 장치를 생산하는 로쿠와, 유력한 프로그램 및 채널 공급자로서 미국 사회의 중요한 이벤트인 슈퍼볼 LIV(Super Bowl LIV) 중계방송 주관사를 맡은 폭스사 간 분쟁 사례가 대표적이다.

2020년 1월 31일 로쿠는 프로 미식축구 경기인 슈퍼볼 LIV의 결승전

방송 중계를 예고한 폭스의 앱을 자사의 FAST 플랫폼에서 갑자기 제거해버렸다. 다가올 일요일에 열리는 샌프란시스코 49ers(San Francisco 49ers)와 캔자스시티 치프스(Kansas City Chiefs) 간의 결승전을 TV로 보지 못하게 방송 3일 전인 금요일에 이런 일을 벌였다. 이례적이고 황당한 이 사건은 당시 언론의 뜨거운 관심을 받기에 충분했다.

양사 간 콘텐츠 유통 계약 만료(2020.1.31)를 앞두고 폭스가 수익 배분에 대한 신규 계약안을 제시하자 로쿠는 그 거래를 매듭짓는 동안 이전 합의를 연장하자고 했고, 이를 폭스가 거절했기에 로쿠는 벼랑 끝 협상 전술을 쓴 것이다(Spangler, 2020). 로쿠의 채널 삭제 조치 직후 폭스는 즉각 "로쿠는 이익 추구를 위해 고객을 볼모로 잡았다. 최고의 고객을 짜증나게 하는 협박 전술을 중단하라"라는 비판 성명을 발표했다.

결국 양사는 팽팽한 대치 끝에 당일 즉각 긴박한 협상을 가진 후, 폭스 채널을 로쿠 플랫폼에 유지하기로 유통계약을 체결함으로써 분쟁이 일단락되었다. 폭스사는 합의 직후 "로쿠와 성공적인 합의에 도달하게 돼 기쁘다. 앞으로도 로쿠 플랫폼에서 폭스의 선도적인 앱 제품군을 이용할 수 있을 것"이라는 환영 성명을 발표했다. 상세한 계약 내용은 알려지지 않았으나, 합의 직후 기술주로 주목받던 로쿠의 주가는 5% 포인트 하락한 124.40달러를 기록했고, 폭스의 주가는 37.12달러로 소폭 상승했다 (Haring and Hayes, 2020).

---

1 'L'은 50을 의미하고 'IV'는 4를 뜻하기에 '슈퍼볼 LIV'는 미국 내셔널 풋볼 리그(National Football League, NFL)가 미식축구 경기를 개최한 지 54년째 되는 해에 열리는 '슈퍼볼 54(Super Bowl 54)'를 의미한다. NFL이 슈퍼볼 타이틀에 로마 숫자를 사용한 것은 1971년 1월의 '슈퍼볼 5' 이후부터다.

이 사건을 ≪월스트리트저널(The Wall Street Journal)≫은 "채널 공급자와 스트리밍 기기 업체 사이에 늘어나는 싸움 가운데 가장 최근의 것으로 '유료방송 전송 분쟁의 스트리밍 시대 버전(the streaming-era version of the pay-TV carriage dispute)'이다"라고 평가했다(Haggin, 2020).

과거 프로그램 공급자들이 채널을 뺀다고 하면 유료 방송사가 그 채널을 아예 캄캄하게 또는 흐릿하게 '블랙아웃(blackouts)' 처리를 해 구독자가 볼 방법이 없게 만들어 '보복'을 하곤 했었는데, 이제는 그때 기득권자였던 유료방송이 역으로 신규 플랫폼에 당하고 있다는 것이다.

이 신문은 이번 분쟁에 대해 스트리밍 시대 프로그램 공급자와 FAST 플랫폼 간의 광고 및 구독 수익 배분이 어떻게 이뤄져야 하고, 플랫폼 가입자를 대가로 스트리밍 박스(플랫폼)가 일종의 '포상금'을 받아야 하는 문제가 어떤 조건에서 이뤄져야 하며 그것이 합당한지 문제를 제기한다고 분석했다.

유리한 광고 계약과 관련 분쟁의 예방과 함께 광고의 과학화도 매우 중요하다. FAST 채널의 광고는 기존의 인터넷 광고처럼 수집된 이용자의 취향과 인구학적 데이터와 같은 정보를 기반으로 하는 '판매자-구매자 상호작용 모델(model of seller-buyer interaction)'을 따른다(Acquisti, 2014). 따라서 광고주들은 FAST 채널이 제공하는 진실하고 신뢰도 높은 이용자 정보를 수집해 이를 토대로 표적화 광고를 집행해 원하는 광고 효과를 거둬야 한다.

이용자 정보는 이용자 개인의 과거 시청 행동, 취향, 인구학적 특성을 포함한다. 광고주는 인터넷 광고에서도 나타나듯이 잠재적인 고객을 식별하고 이를 세분화해 광고 집행 목표를 정하는 비용이 될 수 있으면 적게

드는 것을 원하는 만큼(Goldfarb and Tremblay, 2014), 쌍방향 체제인 FAST 채널은 신뢰도 높은 이용자 정보를 수집할 시스템 구축과 그 활용이 매우 중요하다.

FAST 채널에 방영되는 디지털 광고는 신문, 방송, 잡지 등 기존 미디어의 광고보다 고객을 파편화한 표적 광고가 수월하고 광고 시청 회피 행위인 '건너뛰기'가 불가능하다(이용성, 2022). 이 때문에 채널 운용사의 측면에서 보다 안심할 수 있기에 연구와 실험을 통해 계층 분화성, 아이디어의 참신성, 표현 기법의 품격성을 높인 광고를 개발할 수 있다.

전략과 광고 유형은 쌍방향 소통을 통해 설계하는 것이 바람직하다. 이를 위해 채널 운용사들은 기업, 기관, 단체 등으로 구성된 광고주, 광고를 대행하는 광고대행사, 매체의 광고를 독점 및 대행해 판매하는 미디어렙, 광고대행사·미디어렙과 FAST 채널 사이에서 교섭 및 중계 역할을 하는 애드 네트워크와 관계를 긴밀하게 구축해야 한다. 아울러 이들의 동향과 트렌드, 광고업계의 변화상을 수시로 관찰해 관리하며 참신한 아이디어를 찾아야 한다.

FAST 채널 사업자로서는 이용자를 많이 확보해야 광고 유입량이 증가한다. 아울러 광고주들이 해당 서비스가 제공하는 이용자 데이터의 수준에 만족해야 프리미엄 광고 수익이 발생한다. 선순환 원리에 따라 채널 운용자들은 이를 기반으로 콘텐츠 수급에 투자함으로써 '콘텐츠 아카이브'라 불릴 만큼 매력적인 FAST 채널을 구축할 수 있다.

5 접속 한계를 넘어 'N-스크린'으로 승부하라

FAST 채널은 현재까지 주로 스마트TV, 스트리밍 장치, 게임기라는 '커넥티드TV'를 통해 이용할 수 있다. 그러나 이런 장치들은 '앉아 있는 이용자'만을 대상으로 한 것이라서 모바일 시대인 요즘의 수많은 '이동형 이용자'를 붙잡기에는 한계가 있다. FAST 채널이 모바일 고객을 붙잡지 못하면 채널이 성장기에 접어들었다 해도 더욱 치열해질 경쟁 상황에서 회원 수를 추가로 늘리는 데 어려움이 있다. 그러면 채널들은 너 나 할 것 없이 '성장의 한계'라는 벽에 부딪혀 지속 가능성을 잃게 된다.

따라서 모바일 기기 서비스 확대를 비롯해 기술 장벽을 넘어야 한다. 스트리밍 등 관련 기술 개발과 장비나 애플리케이션의 호환성 혁신을 통해 태블릿, 무선 노트북, 휴대전화 등 모든 기기에서 FAST 채널을 이용할 수 있게 해야 한다. 이용자를 늘려 수익성을 높이기 위해 FAST 채널을 구현할 수 있는 스크린(screen)을 사실상 무한대(n)로 늘려가는 'N-스크린(N-Screen)' 전략이 가동되어야 한다.

OTT 서비스도 초기에는 TV가 아닌 화면이 작은 이동 전화, 태블릿 PC, 혹은 PC로 제공되었다. 그러다가 그것이 유료방송 셋톱에 탑재되어 더 큰 TV 화면으로 제공되고, 스마트TV에도 제공되는 스크린의 확산을 통해 이용자 접근성이 강화되었다(이선미, 2023).

따라서 FAST 채널의 접근성 확대 문제는 기술적으로 호환성이 좋은 스트리밍 전용 앱을 개발하고 이를 지속해서 혁신해 새로운 버전을 내놓아 이용하게 해야 한다. 그렇게 되면 FAST 채널이 조성한 산업 생태계는 스마트TV, 스트리밍 장치, 게임기를 넘어 태블릿, 무선 노트북, 휴대전화 등 모바일 장치로도 확장된다. 이렇듯 FAST 채널을 이용하는 회원 수를 늘리려면 '비즈니스 영토'가 충분히 넓어져야 한다.

FAST 산업이 추구해야 할 변혁의 로드맵은 기술과 장비의 혁신 수준에 따라 FAST 1.0(산업 형성기), FAST 2.0(산업 발전기), FAST 3.0(산업 분화기)의 단계로 순차적으로 나아가는 모습이어야 한다. FAST 업계에서는 이미 그런 흐름을 예측하며 향후 사업의 청사진을 그리고 있다.

첫째, FAST 1.0 단계는 이용자들이 집안이나 사무실 등 일정한 장소에서 일반 TV, 스마트TV, 게임기로 시청하는 단계로서 '정주(定住) 시청'에 머무른다. 스마트TV 제조사와 콘텐츠 공급업체 중심의 FAST 채널들이 출현해 FAST 산업을 형성하는 시기다. 이 단계는 FAST 사업을 해야할지 말아야 할지 고민하고 갈등하는 방송 서비스 업체가 많은 시기이기도 하다.

둘째, FAST 2.0은 기존의 시청 기기에 PC와 무선 노트북, 태블릿, 휴대전화와 같은 모바일 기기가 추가되어 이동 시청이 가능해지는 단계다. 다양한 스트리밍 장치와 전용 앱이 개발·출시되기 때문이다. 다양한 FAST 채널 업체가 가세하고 경쟁이 촉진되면서 FAST 산업이 정착되는 시기다. FAST 성장 흐름에 맞춰 FAST와 경쟁 관계에 있던 유료방송도 변신해 다양한 FAST 서비스를 선보일 가능성이 크다.

셋째, FAST 3.0 단계에서는 스마트TV와 모바일 기기가 보다 혁신되고 FAST 체제에 최적화된 새로운 복합형 기기로 등장해 이용자의 편의성을 높일 것이다. 접속 구동력이나 스트리밍 속도가 향상되어 초고속 시청이 가능하고 인터페이스 디자인과 조작 성능, 그리고 운용 기술이

표 7-1 | FAST 산업의 발전 단계

FAST 1.0		FAST 2.0		FAST 3.0	
산업 형성기(초기)		산업 발전기		산업 분화기	
시청 기기	산업 양태	시청 기기	산업 양태	시청 기기	산업 양태
〈CTV 환경〉 ●일반 TV ●스마트TV ●게임기(정주 시청 시대)	●스마트TV 제조사와 콘텐츠 공급업체 중심의 FAST 채널 출현 ●산업 형성기	〈모바일 환경〉 ●PC/노트북 ●태블릿 ●휴대전화 (모바일 시청 추가 시대)	●다양한 FAST 채널의 가세, 유료방송의 변신 ●산업 성장기	〈미래형 매체〉 ●혁신된 기존 기기 ●다기능의 신생 기기 (초고속·지능형 시청 시대)	●FAST 채널 고유 상품과 결합상품 병존 ●유료방송과 지상파의 일대 혁신 예고
OS 체제 혁신, 스트리밍 장치와 FAST 채널별 전용 앱 개발로 N-스크린 전략 실현					

혁신되어 인공지능을 적용한 영리한 콘텐츠 큐레이션과 검색 및 선택이 가능해진다.

이 시기에는 플랫폼의 특성 및 경영전략에 따라 업체별로 미래 FAST 사업의 방향성이 크게 분화할 것이다. FAST 채널 고유의 상품과 유료방송 간 결합상품이 병존하는 것도 예상된다. 유료방송과 지상파 방송은 이러한 신생 서비스의 출현으로 사업 매력도가 낮아진다면 지체 없이 FAST 서비스나 응용 서비스를 도입할 수 있다. 무엇보다도 FAST 서비스의 성장에 따라 휴대전화의 기능과 메뉴 구성이 어떻게 진화할지가 큰 관심사다.

6 케이컬처를 확산할 '글로벌 채널'로 키우자

우리나라 FAST 채널은 세계인에 어필하는 드라마, 영화, 뮤직비디오 등 케이컬처 콘텐츠를 무기로 글로벌 채널로 성장하는 전략을 추구해야 한다. 현재 상태에서 한국의 인터넷망에 설정한 단일 FAST 플랫폼으로 해외 시장 전체를 커버하기 어려운 체제다. 각국에 별도로 직접 운용하는 FAST 플랫폼을 세운다 해도 현지 구독자 확보가 쉽지 않다.

따라서 해외 시장에 진출할 때는 현지의 초고속 인터넷망에 개설된 현지 FAST 플랫폼 내에 FAST 채널 또는 FAST 채널 애그리게이터 (channel aggregator: FAST 플랫폼이라는 현지 장터에 입점하도록 도와주거나 업체를 발굴해서 투자하는 역할을 하는 사업자)로 사업을 시작하는 것이 권장된다. 크게 차려진 현지의 FAST 매장에 따로따로 가게 형태로 입점하거나 입점과 운영을 돕는 사업을 해야 한다는 것이다.

전 세계에 스마트TV를 보급하는 삼성전자는 많은 국가에 자사 FAST 채널인 삼성TV플러스를, LG전자는 LG채널을 각각의 계획에 따라 대폭 구축했다. 영어방송 아리랑TV 외에도 뉴아이디의 FAST 플랫폼 '빈지코리아'처럼 각국에 진출한 삼성TV플러스와 LG채널과 협력하는 모델도 나타나고 있다. 이런 채널의 특성은 우리나라에서 제작한 콘텐츠가 대거 포함되어 케이컬처를 확산할 '글로벌 채널'로 성장하거나 케이컬처의 전파에 큰 역할을 할 가능성이 크다.

특히 아리랑 TV가 네덜란드에 본사를 둔 채널 및 콘텐츠 유통 회사인 스태틱 웨이브즈와 협력해 2024년 1월부터 'K-Wave' 채널을 론칭한 것은 대표적인 실천 사례다. 두 회사는 세계 최초의 한국 대중음악(K-pop) 전용 FAST 채널이 될 것을 표방했다. 서비스 대상 지역은 미국 유럽과 아시아 지역이다. 이 채널은 오리지널 시리즈, 라이브 콘서트, 케이팝 스타들에 관한 다큐멘터리, 음악과 패션 트렌드, 댄스 지도 비디오, 이면 이야기 클립 등을 서비스한다.

스태틱 웨이브즈는 "케이팝이 음악 사이트 스포티파이에서 1위의 장르가 되었을 정도로 향유의 폭과 여파가 큰 데다 이를 포함한 한국 콘텐츠는 전반적으로 전 세계 관객들에게 반향을 일으키고 있어 세계 최초의 'K-Wave' 채널을 구상하게 되었다"라고 밝혔다(Frater, 2023). 이 회사는 한국 진출을 추진하기 위해 서울에 본사를 둔 스태틱 웨이브즈 코리아를 설립했다.

7 어려워져도 '유료화 전환 유혹'을 이겨내자

FAST 채널의 수익모델은 이용자가 광고를 상당히 많이 봐주는 대가로 콘텐츠를 무료로 볼 수 있게 한 원리다. 광고주는 이용자의 콘텐츠 시청을 매개로 광고를 FAST 채널에 팔고, FAST 채널은 광고 시청을 조건으로 콘텐츠를 이용자들에게 무상 공급하는 구조다.

FAST 채널이 뜨고 있는 이유도 IPTV나 OTT 같은 유료방송 서비스를 이용하는 재정적 부담과 피로감에서 벗어나기 위한 것에 있다. 특히 코로나-19의 대유행과 세계적인 불황 및 고금리 기조로 경제 사정이 악화하면서 시청 비용을 아끼기 위해 이용자들이 광고 시청을 감내하고 기존 유료방송에서 FAST 채널로 속속 갈아타 FAST 시장의 성장을 이끌었다는 해외 매체들의 일관된 분석을 잘 살펴볼 필요가 있다.

그러나 FAST 채널 산업이 위축되거나 개별 FAST 채널 운영 업체의 경영이 어려워지면 편성 전략이 유료 콘텐츠 코너와 무료 콘텐츠 코너로 이원화할 가능성도 없지 않다. 킬러 콘텐츠라 할 만한 가치와 매력이 있는 신작 콘텐츠만 유료 서비스로 제한 공급하는 '변칙 편성'이 출현할 가능성도 있다. FAST 채널의 광고 수주가 어려워지면 이런 유혹에 시달리는 강도가 더욱 높아질 것이다. 경영 위기 앞에 장사가 따로 없기 때문이다.

이렇게 되면 채널을 운영하는 업체는 '운명의 순간'을 맞이하게 된다. FAST 채널은 '광고 시청대가 무료 콘텐츠 공급'이 사업의 정체성인데, 무료인 FAST였다가 유료 스트리밍 서비스로 전환한 NBC 유니버설의 '피콕(Peacock)'처럼 이것이 무너져 이용자들에게 실망을 안겨다 줄 것이다. 적정 규모 이상의 가입자와 광고 수익이 유지되지 않으면 이런 현상은 불가피하다.

미국의 케이블TV 1위 업체 컴캐스트는 원래 구독형 유료방송 서비스가 수익모델이지만 FAST 서비스를 가미한 융합형 상품 '나우TV'를 2023년 5월 내놓으며 FAST 사업에 진출했다. 반대로 우리나라의 케이블TV 업체인 SK브로드밴드는 일체형 셋톱박스 '플레이제트'를 내놓으며 FAST 시장에 뛰어들었다가 2023년 11월 말 경영 판단에 따라 갑자기 사업을 철수했다.

이 가운데 어떤 사업자의 선택이 옳았는지 지금은 예단하기 어렵지만, 향후 전개될 이용자들의 집단적인 움직임, FAST 시장의 성장 폭 등이 그 답을 말해줄 것이다. FAST 사업은 아직은 형성 초기인 데다 변수가 많아 성장세를 명확하게 예측하기 어렵다. 방향성과 결정을 두고 갈팡질팡할 수 있고, 사업을 한다 해도 여러 단계에서 위기를 맞이할 수도 있다.

무료 서비스인 FAST 사업의 정체성을 계속 유지하면서 성공한 사업으로 인정받으려면 평소에 급변하는 방송 시장 상황을 입체적으로 반영한 치밀한 사업전략 마련과 경영관리가 필요하다. 그래야 불행한 사태를 예방할 수 있다. 따라서 위험 관리의 요체는 이용자와 경쟁사 정보의 파악이다.

FAST 채널 업체의 순위는 이용자들의 움직임에 따라 매번 바뀌게 되어 있다. 그 결과에 따라 다른 업계와 마찬가지로 경영난에 처한 업체는 인수되거나 도산할 수 있다. 채널의 입장에서 이용자는 야속하게도 자신에게 여러모로 유리한 채널만을 찾아 매번 움직인다. '이용자는 언제나 위대하다'라는 승자의 언술을 누리려면 그들의 움직임을 제때 제대로 감지해야 한다.

참고문헌

과학기술정보통신부·한국지능정보사회진흥원(NIA). 2023.3.31. "2022 인터넷이용실태조사". 한국
    지능정보사회진흥원.

≪글로벌 이코노믹≫. 2021.1.27. "NEW, 삼성TV플러스에 6개 채널 신규 론칭".

김명훈·박호현. 2007. 「RVOD와 NVOD 간의 자동 모드전환을 이용한 새로운 VOD 서비스」. ≪대한전
    자공학회 2007년도 하계종합학술대회 논문집 II(반도체/컴퓨터/시스템 및 제어)≫, 30(1).

김선미·이상원·손현정. 2023. 「동영상 OTT 플랫폼 사업 전략과 정책 방향: 전문가 델파이 분석」. ≪방
    송통신연구≫, 통권 122.

김수원·김대원. 2019. 「OTT 서비스의 유형과 주요국의 규제 정책에 대한 고찰」. ≪한국인터넷정보학
    회≫, 20(6).

김유진. 2023.10.19. "뉴 아이디, BMW 차량 新 인포테인먼트 시스템에 FAST 채널·AVOD 콘텐츠 서비
    스". 엑스포츠뉴스.

≪뉴데일리 경제≫. 2023.4.25. "[데일리 IT 단신] SKT, '멤버십으로 반려동물 돌보세요'外".

≪뉴스1≫. 2023.9.25. "[이성엽의 IT 프리즘] 패스트(FAST)의 가능성".

≪뉴시스≫. 2023.12.1. "SKB, OTT 박스 '플레이제트' 접는다… 내년 2월 1일 완전 종료".

≪뉴시스≫. 2023.12.15. "'싼 제품만 찾는다'… LG전자, TV 사업 또 적자".

≪데일리임펙트≫. 2023.5.24. "'콘텐츠'에 눈 뜬 삼성전자… '8조' FAST 시장 노린다".

≪디지털데일리≫. 2022.10.2. "[위기의 미디어 ④] 제조사가 OTT 흡수?… 미디어의 미래 'FAST'".

≪딜사이트≫. 2023.12.4. "위축되는 글로벌 TV 시장, 플랫폼 수익모델에 주목".

≪머니투데이≫. 2023.3.31. "韓 인터넷 보급율 100% 육박… 국민 절반 이상 간편결제 사용".

MBN. 2023.12.14. "BTS '봄날' 83개국 1위… 입대로 6년 만에 역주행".

≪블로터≫. 2020.2.26. "美 케이블 업계, 광고 기반 무료 영상 스트리밍 서비스 대공세".

≪비즈니스포스트≫. 2023.9.25. "삼성전자 LG전자 TV 플랫폼 강화하는 이유, TV 판매 정체 돌파구".

≪아시아투데이≫. 2023.11.20. "삼성 패스트 'TV플러스' 전 세계 시청률 1년만 60% 올라".

≪여성소비자신문≫. 2023.7.21. "삼성전자-LG전자, TV 미디어 플랫폼에 전력 다해".

연합뉴스. 2023.12.14. "'보고 싶다 BTS'… 입대에 '봄날' 6년 만에 역주행… 83개국서 1위".

연합뉴스. 2023.4.25. "딜라이브 OTT'v, FAST 채널 탑재… 2025년까지 100개 추가".

≪이데일리≫. 2023.12.23. "삼성 TV 플러스서 영화 본다… VOD 서비스 출시".

이선미. 2023. 「OTT 서비스와 스마트TV 이용이 VOD 지출에 미치는 영향에 관한 연구」. ≪사회과학연
    구≫, 34(4).

이용성. 2022. 「스트리밍 서비스 현황과 FAST의 부상」. ≪방송과 미디어≫, 27(4).

이종원. 2023. 「스트리밍 전쟁의 향방과 FAST」. ≪KISDI Perspectives≫, 1.

≪이투데이≫. 2023.12.26. "[플라자] TV, 하드웨어에서 플랫폼으로".

≪조선비즈≫. 2014.2.18. "스마트폰 화면을 TV에서… 에브리온TV 휴대용 캐스트 선보여".

≪ZDNET Korea≫. 2023.12.13. "삼성 TV로 무료 영화 보세요… 연내 150개 VOD 추가".

한국방송통신전파진흥원. 2021. 「FAST의 최근 동향과 전망: 국내외 주요 사례 중심으로」. ≪Media Issue & Trend≫, 42.

Acquisti, A. 2014. "Inducing Customers to Try New Goods." *Review of Industrial Organization*, 44, pp.131~146.

Armstrong, M. 1999. "Competition in the Pay-TV Market." *Journal of the Japanese and International Economies*. 13(4), pp.257~280.

Arthofer, F. et al. 2016. "Future of Television. Friends of Canadian Broadcasting." Bcg Perspectives. pp.1~6.

Baumgartner, J. 2023.8.10. "FCC Urged to Steer Clear of TV Streaming Services." Light Reading.

Bhat, C. R., S. Srinivasan and S. Sen. 2006. "A Joint Model for The Perfect and Imperfect Substitute Goods Case: Application to Activity Time-use Decisions." *Transportation Research Part B: Methodological*, 40(10), pp.827~850.

Boyle, A. 2022.5.16. "AdExplainer: The Difference Between AVOD and FAST." Ad Exchanger.

Bridge, G. 2023.6.27. "Quantifying U.S. FAST Service Channel Growth." *Variety*.

_____, G. 2023.4.18. "Global FAST: A Special Report." *Variety*.

Buchholz, K. 2023.7.7. "Threads Shoots Past One Million User Mark at Lightning Speed." Statista.

Business Wire. 2023.3.24. "Comcast Introduces NOW TV: A $20 Entertainment Option With 60+ Streaming and Fast Channels, Plus Peacock Premium." Yahoo Finance.

Chalaby, J. K. 2016. "Television and Globalization: The TV Content Global Value Chain." *Journal of Communication*, 66(1), pp.35~59.

Chan-Olmsted, S. and R. Shay. 2016. "Understanding Tablet Consumers: Exploring the Factors That Affect Tablet and Dual Mobile Device Ownership." *Journalism and Mass Communication Quarterly*, 93(4), pp.857~883.

Chen, Yan, Grace You Joo Jeon, and Kim Yong-Mi. 2014. "A Day without a Search Engine: An Experimental Study of Online and Offline Search." *Experimental Economics* 17, December, pp.512~536.

Cineverse Corp. 2023.9.7. "Cineverse Horror Channel SCREAMBOX TV Launches on Amazon Freevee." PR Newswire.

Cocks, S. 2023.12.4. "Best Streaming Devices in 2023- After a Smarter Telly but Don't Want a New One? These Devices are Just What You Need." Good House Keeping.

Cole, N. 2023.12.6. "Tubi TV Review 2024: What To Know About the Free Netflix Alternative." Clark.com.

Dixon, S. J. 2023.10.27. "Most Popular Social Networks Worldwide As of October 2023, Ranked by Number of Monthly Active Users." Statista.

Dorai-Raj, S. and D. Zigmond. 2010. "How Surfers Watch: Measuring Audience Eesponse to Video Advertising Online." Proceedings of ADKDD.

Dorsett, M. 2022. "How Streaming is Changing Advertising." Master's Degree Dissertation. Drexel University.

Epstein, P. 2023.10.23. "FAST Will Replace Subscription Streaming as Viewers' Choice by 2030." Variety.

Erdozain, M. 2023.5.23. "CNN Launches New FAST Channel." CNN International.

Evens, T. and L. De Marez. 2010. "From Free to Fee: Shifting Business Models in the Digital Eelevision Industry." In European Media Management Association Conference: the Changing Ecology of the Media.

Fast Broadcaster. 2023a. "Fubo Challenges FCC Streaming Reclassification Proposal." Fast Broadcaster.

_____. 2023b. "Ofcom to Regulate FAST Channels in UK?." Fast Broadcaster.

Fitriaty, S. 2019. "Monthly Active User Improvement in Social Media Mobile Phone Application: The Six Sigma Approach." *Sebelas Maret Business Review*, 4(2), pp.102~113.

Fletcher, B. 2023.1.12. "FAST Ad Spend to Surpass That of Cable, Broadcast, SVOD by 2025." Stream TV Insider.

FlixPatrol. 2023.12.11. "Streaming Services by Subscribers in the World." Flix Patrol.

Frankel, D. 2023.6.9. "U.S. Smart TV Penetration Reaches 74%." Yahoo Finance.

Frater, P. 2023.12.18. "K-Pop FAST Channel Launch Backed by Static Waves." Arirang TV. Variety.

Frazer, L. 2023.9.20. "New Plans to Bring Online TV Channels under Ofcom Content Rules." Press Release, Department for Culture, Media and Sport of UK Government.

Globe Newswire. 2023.8.9. "Samba TV's State of Viewership Report Finds Growth of Streaming Choices for Consumers Usher in Innovative New Opportunities for Advertisers." Globe Newswire.

GMI. 2023.11.16. Youtube Users Statics 2023. Global Media Insight.

Goldfarb, A. and V. J. Tremblay. 2014. "Introduction: The Economics of Internet Advertising."

Review of Industrial Organization, 44, pp113~114.

Haggin, P. 2020.2.1. "Roku and Fox Reach Distribution Deal to Avoid Streaming Blackout." *The Wall Street Journal*.

Hanemann, W. M. 1984. "Multiple Site Demand Models. Part II: Review of Existing Models and Development of New Models." *Califonia Agricultural: Experiment Station, Giannini Foundation of Agricultural Economics*.

Hanna, T. K. and K. Scarpati. 2021.8. "IPTV(Internet Protocol television)—What is IPTV?." Tech Target.

Haring, B. and D. Hayes. 2020.2.1. "Roku And Fox Channels Settle Carriage Flap Before Super Bowl LIV – Update." Deadline.

Henten, A. and R. Tadayoni. 2008. "The Impact of the Internet on Media Technology, Platforms and Innovation." in L. Küng; R. G. Picard and R. Towse(eds.), *The Internet and the Mass Media*, pp.45~64. Sage.

Hesmondhalgh, D. and R. Lobato. 2019. "Television Device Ecologies, Prominence and Datafication: the Neglected Importance of the Set-top Box." *Media, Culture & Society*, 41(7), pp.958~974.

Horowitz, N. and G. Hardy. 2022. "The Energy Impacts of Video Streaming Devices and Smart Speakers." In *Energy Efficiency in Domestic Appliances and Lighting. Proceedings of the 10th International Conference(EEDAL'19)*, pp.287~301. Springer International Publishing.

Huston, C. 2023.3.3. "Pay TV and Cable Providers Lost 5.8M Subscribers in 2022." *The Hollywood Reporter*.

Imagen from Reuters. 2019.7.9. "Understanding SVOD, TVOD, AVOD—A Guide."

Jackson, K.2023.11.18. "FAST TV: What It Is and Why It Should Matter to You." CNET.

Jang Shin-jae. and Park Min-soo. 2016. "Do New Media Substitute for Old Media?: A Panel Analysis of Daily Media Use." *Journal of Media Economics*, 29(2), pp.73~91.

Jenner, M. 2017. "Binge-watching: Video-on-demand, Quality TV and Mainstreaming Fandom." *International Journal of Cultural Studies*, 20(3), pp.304~320.

Jung, J. and A. Melguizo. 2023. "Is Your Netflix a Substitute for Your Telefunken? Evidence on The Dynamics of Traditional Pay TV and OTT in Latin America." *Telecommunications Policy*, 47(1): 102397.

Karrer, F. 2024. "MVPD and vMVPD: Differences and Similarities Explained." MNTN Inc.

Kim, Myoung-hoon and Park Ho-hyun. 2008. "A Mode Switching Protocol between RVOD and NVOD for Efficient VOD Services." *The KIPS Transactions: PartA*, 15(4), pp.227~238.

Kompare, D. 2022. "Old-Time TV's Last Stand?." in From Networks to Netflix: A Guide to Changing Channels Edited By Derek Johnson. Routledge.

Laricchia, F. 2023.8.23. "Household Penetration of Smart TV Sets in the United Kingdom (UK) from 2014 to 2023." Statista.

Lee, Jack Y. B. 1999. "UVoD: An Unified Architecture for Video-on-demand Services." *IEEE Communications Letters*, 3(9), pp.277~279.

_____. 2002. "On a Unified Architecture for Video-on-demand Services." *IEEE Transactions on Multimedia*, 4(1), pp.38~47.

Leonard, G. K. 2019. "The Economics of Online Ad-Supported Services." SSRN: 3663317.

Little dot studios. 2023.7.24. "FAST Channels: Definition, Benefits, & Predictions." Little dot Studios.

Lotz, A. D. 2022. *Netflix and Streaming Video: The Business of Subscriber-Funded Video on Demand.* Polity Press.

Media Week. 2023.8.17. "Samba TV Report Reveals Correlation between Australia's Binge-watching Habits and Customer Loyalty."

Medow, S. 2023.10.27. "Comcast's Peacock Adds 4M Subscribers, Q3 Revenue Up 64 Percent." Sport Business.

Milgrom, P. and B. Strulovici. 2009. "Substitute Goods, Auctions, and Equilibrium." *Journal of Economic Theory,* 144(1), pp.212~247.

Nakamura, L. and R. Soloveichik. 2015. "Capturing the Productivity Impact of the 'Free'Apps and Other Online Media." *Federal Reserve Bank of Philadelphia Working Paper*, pp.15~25.

Neumann, M. 2023.7.7. "Fast Channels and CTV Channels- Not the Same, But the Same?" Goldbach.

Newscast Studio. 2023.11.7. "FAST Market Dominated by Five Channels, Driving One-fifth of U.S. Viewership." Newscast Studio.

Nicholson, A. 2023.10.30. "The Ultimate FAST Channels Guide: Everything You Need to Know." Harmonic.

Nicolaou, A. 2023.8.12. "Hollywood Calls Time on Golden Era of Cheap Streaming." *Financial Times.*

Oberhofer, T. 1989a. "The Changing Cultural Discount Rate." *Review of Social Economy*, 47(1), pp.43~54.

_____. 1989b. "The Cultural Discount Rate, Social Contracts, and Intergenerational Tension." *Social Science Quarterly*, 70(4), p.858.

OTTX. 2021.5. "Free Video-on-Demand (FVOD) Best Practices." Ottx.org.

Park, H. et al. 2011. "U.S. Patent No. 7,941,825." U.S. Patent and Trademark Office.

Rajaram, P., P. Manchanda., and E. Schwartz. 2019. 12.17. "Finding the Sweet Spot: Ad Scheduling on Streaming Media." SSRN. Revised 2023.5.20.

Real Screen. 2023.12.18. "Static Waves, Arirang TV launch K-pop FAST channel."

Reinartz, W., N. Wiegand, and J. R. Wichmann. 2019. "The Rise of Digital (Retail) Platforms. Center for Research in Retailing." University of Cologne.

Rogers, E. 1962. *Adoption and Diffusion of Innovations*. The Free Press.

Rogers, E. 2003. *Diffusion of innovations*(5th ed.). The Free Press.

Sandsgaard, E. A. and K. Sem. 2023. "Competitive Advantages in the Video Streaming Industry: Does the Release of Original Content Have an Impact on Platform Competition and Subscriber Base?".

Schomer, A. 2020.6.6. "The AVOD Ecosystem: As Cord-cutting Shifts the Revenue Model of Media Companies, the Ad-supported Streaming Space is Poised to Take Off — Here are the Key Players Brands Need to Know, and How to Work with Them." Business Insider Intelligence.

Schweidel, D. A. and W. W. Moe. 2016. "Binge Watching and Advertising." *Journal of Marketing*, 80(5), pp.1~19.

Shields, M. and A. Wolk. 2023.1.1. "FASTs Are the New Cable Part 2: Advertising." TVREV.

Snider, J.H. and U. Sinclair. 2002. "The Myth of 'Free' TV." *New America Foundation, Spectrum Series Working Paper*, 5.

Snyder, R. 2016. "Binge On: The Phenomenon of Binge Watching." HON499 Projects. 3. La Salle University.

Spangler, T. 2020.1.31. "Roku Pulls Fox Channels Ahead of Super Bowl LIV in Contract Dispute." Variety.

Stoll, J. 2023.5.22. "Share of Free Ad-supported Streaming TV(FAST) Platform Viewers in the United States from 2020 to 2023."

Thangavel, R. 2023.8.3. "Pluto TV Debuts in Australia and New Zealand in Collaboration with 10 Play." OTT Verse.

Varian, H. 2011. "Economic Value of Google," Presentation at the Web 2.0 Summit Conference, San Francisco.

Wang, T. and R. L. Bailey. 2023. "Processing Peripherally Placed Advertising: The Effect of Thematic Ad-Content Congruence and Arousing Content on the Effectiveness of In-Video

Overlay Advertising." *Journal of Interactive Advertising*, pp.1~18.

Werd, S. 2021.11.23. "FVOD: What is It and How Does It Work?." Jump Data Driven.

Wolk, A. 2018.12.1. "Week In Review: AT&T Reveals The Three Faces Of Warner, Pluto Discovers Europe." TVREV.

지은이

김정섭은 성신여자대학교 문화산업예술대학원 문화산업예술학과 교수(Ph. D.)로
서 문화 정책·산업, 영화·드라마·대중음악, 아티스트(스타), 대중문화예술사 등
케이컬처 연구에 집중하고 있다. 'LG 글로벌 챌린저' 제1기, ≪경향신문≫ 정치·경
제·사회·편집·기획취재·문화·공연문화·미디어부 기자, 성신여대 방송영상저널
리즘스쿨 원장, 미디어영상연기학과 교수, 문화부·인사혁신처·환경부·고용노동
부·서울시·경기도 자문·평가위원, 대통령 연설 및 '국민과의 대화' 자문위원, 한국
거래소 상장심사위원, '2022·2023·2024 한국케이블TV방송대상' 심사위원장, KTV
방송자문위원, 한국엔터테인먼트산업학회 이사 등을 지냈다. 2009년에는 '2008년
한국기자상'을, 2019년에는 한국엔터테인먼트산업학회 '우수논문상'을 받았다. 최
서단 영해 기점인 '격렬비열도' 연구로 공적관리 여론을 환기해 방치된 섬이 2022년
7월 5일 '국가연안항'으로 지정되는 데 크게 기여했다. 아울러 다양한 학술 서적을 출
간했다. lakejs@naver. com

• 『(케이컬처 시대를 이끈 저력의 발자취 통찰) 한국대중문화예술사』(개정·증보판,
  2024)
• 『셀럽시대: 이론·데이터에서 수양·실천까지』(2023)
• 『대한민국 신선마을: 무형유산 신선 강림 전설을 품은 명승 10선)』(2022)
• 『엔터테인먼트 경영·경제학』, 『엔터테인먼트 상품 경영론』, 『엔터테인먼트 통합
  마케팅』(공역, 2021)('2022년 대한민국학술원 우수학술도서' 선정)
• 『케이컬처 시대의 뮤직 비즈니스』(2021)('2021년 문화부 세종도서 학술부문'
  선정)
• 『(함께 가요, 함께 가꿔요, 함께 지켜요) 격렬비열도』(2020)
• 『할리우드 에이전트』(역서, 2019)('세계일보·교보문고 선정 2019년 올해의 책'
  선정)
• 『우리는 왜 사랑에 빠지고 마는 걸까(로맨스 심리학)』(2019)
• 『한국대중문화 예술사』(2017)
• 『명품배우 만들기 스페셜 컨설팅』(2016)
• 『협동조합: 성공과 실패의 비밀』(공저, 2016)
• 『케이컬처 시대의 배우 경영학』(2014)('2015년 대한민국학술원 우수학술도서'
  선정)
• 『언론사 패스 심층지식』1·2(2014)
• 『한국 방송 엔터테인먼트 산업 리포트』(2007)

한울아카데미 2508

케이컬처 시대의 새로운 '시청자 친화 채널'

FAST

지은이 | 김정섭
펴낸이 | 김종수
펴낸곳 | 한울엠플러스(주)
편집 | 이동규

초판 1쇄 인쇄 | 2024년 2월 16일
초판 1쇄 발행 | 2024년 3월 2일

주소 | 10881 경기도 파주시 광인사길 153 한울시소빌딩 3층
전화 | 031-955-0655
팩스 | 031-955-0656
홈페이지 | www.hanulmplus.kr
등록 | 제406-2015-000143호

Printed in Korea.
ISBN 978-89-460-7508-5 93320